高卒程度公務員試験

畑中敦子の
天下無敵の数的処理!

② 数的推理・資料解釈編

第3版

は じ め に

　数的処理というのは、公務員試験独自の試験分野で、判断推理、数的推理、資料解釈の３つの科目からなります。また、判断推理の図形分野を特に空間把握といいます。いずれも一般知能と呼ばれる内容で、考えて解く科目になりますね。

　そのうち本書では、数的推理と資料解釈を、別冊「畑中敦子の天下無敵の数的処理！①判断推理・空間把握編」で、判断推理と空間把握を扱います。

　数的推理というのは、中学校レベルまでの数学や算数のような問題、資料解釈は表やグラフの読み取り問題です。いずれも、知識などはほとんど必要ありませんので、時間をかけてじっくり考えれば、たいていの問題は解くことができるでしょう。

　しかし、高卒程度公務員試験の解答時間は、１問平均2.5～3.0分程度です。他の科目で調整しても、せいぜい４，５分で解かねばならず、じっくり解いている時間はありません。つまり、この科目の勉強は、知識を得るというよりは、速く解くための練習をするということになりますね。

　では、その勉強方法ですが、はじめに、問題や解法にはパターンがありますので、これを覚え、慣れることが大切です。本書はそのために作られた本ですので、まず、本書を一通り読み込みましょう。最初は自力で解いてもいいですし、いきなり解説を読んでもかまいません。いずれにしても、解法をしっかり確認することが大事です。そして、その後で、必ず自身の手でもう一度解いてみてください。頭の中での理解だけでなく、手を動かすことが大事です。無駄なく最短の時間で解けるようになるまで練習してみてください。

　そして、本書を一通り終えたら、志望先の過去問をできるだけ多く解いてください。試験ごとに特徴や傾向がありますし、同じような問題が繰り返し出題されることもよくあります。過去問の研究はマストです。

　数的処理を得意科目にすれば、合格へかなり近づくことができます。本書をご活用いただいた受験生の皆さんが、合格、内定を勝ち取られ、夢への一歩を踏み出すことができますよう、心よりお祈りしております。

令和５年３月

畑中敦子

CONTENTS

- はじめに
- 本書の効果的活用法
- 側注表記の意味

本書の効果的活用法

SECTION

数的推理と資料解釈を20のセクションに分けたよ。それぞれ個性があるけど、苦手分野を作らないようにね！

タイトル

項目に一言メッセージを添えたよ。

重要度

5段階で、赤い部分が多いほど重要。

ガイダンス

それぞれの項目の内容と出題頻度を簡単に紹介。

パターン

まずは、典型的なパターン問題から始めよう！ この問題を通して解法パターンを覚えるんだ。

数的推理・資料解釈の第一人者、畑中敦子先生の解説。わかりやすさはハンパないよ！

SECTION 07　色々な文章題 ➡ 柔軟に対応せよ！

重要度

ガイダンス

★平均算、年齢算などの文章題を扱います。
★出題頻度はあまり高くはありませんが、パターンを覚えれば解ける問題が多いですよ。

パターン 23

ある試験の結果は、合格率が30％で、全受験者の平均点が45点であった。合格者の平均点は合格点より10点高く、不合格者の平均点は合格者の平均点より30点低かった。

このとき、合格点として正しいものはどれか。　　📖 裁判所職員一般職 2021

1．50点
2．52点
3．54点
4．56点
5．58点

【解法1】

合格率30％より、全受験者の30％が合格で、70％が不合格ですから、合格者と不合格者の人数の比は3：7となります。

これより、合格者の人数を $3x$、不合格者の人数を $7x$ とします。また、合格点を y とすると、それぞれの平均点は次のように表せます。

合格者の平均点 $= y + 10$（点）
不合格者の平均点 $= y + 10 - 30 = y - 20$（点）

さらに、全受験者の人数は、$3x + 7x = 10x$ で、平均点は45点ですから、合格者の合計点＋不合格者の合計点＝全受験者の合計点より次のような方程式が

One Point Advice

あとで計算すればわかるけど、どうせ、x は消えるので、「3」と「7」とおいてもOKだよ！

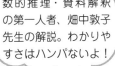

出典

最新の本試験問題を中心に、古き良き問題も豊富に掲載。7ページの「出典表記の補足」も参考にしてね。

問題によっては、2通りの解法を紹介することも。

側注

必要な公式や法則、そしてボクのアドバイスなど、本文の先生の解説をさりげなくサポートするよ。それぞれの内容は次ページ！

立ちます。

$$3x(y+10)+7x(y-20)=45\times10x.$$

これを解いて、$y=56$ が得られ、合格点は 56 点で、正解は肢 4 です。

【解法2】

図1のようなてんびん図に、合格者を右、不合格者を左に置いて、おもりに人数、うでに平均点をとると、全受験者の平均点 45 点が支点の位置に来ます。

条件より、合格者と不合格者の平均点の差は 30 点ですから、図のように、うでの両端の間の長さが 30 となりますね。

計算しよう！

x キロより、両辺を x で割って、
$3(y+10)+7(y-20)=450$
$3y+30+7y-140=450$
$10y=560$ ∴ $y=56$

側注表記の意味は次ページ →

図1

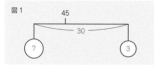

ちょっと補足

食塩水を混ぜ合わせるのと同じで、合格者と不合格者を合わせて、全受験者になるってこと！

Exercise

パターン問題が解けたら、ここで力試し！まずは自力で解いてみよう！

図の左右のおもりの重さの比が 7：3 ですから、うでの長さの比は 3：7 となり、30 点を 3：7 に分けると、9 点と 21 点となります。

Exercise 32

ある生徒が1日目に6科目、2日目に4科目、計10科目の試験を受けた。1日目に受けた6科目の平均点は、10科目の平均点より4点低かった。この6科目の平均点と、2日目に受けた4科目の平均点との差は何点か。

入国警備官等 2003

1. 9点
2. 10点
3. 11点
4. 12点
5. 13点

側注表記の意味

失敗しないためのアドバイス！ここは欠かさず読んでね！

ちょっと補足

「公倍数」は「最小公倍数の倍数」となり、これは無数にあるからね！

先生の解説にちょい足し！けっこう役に立つと思うよ！

ナットクいかない方はこちら

この式を、「外項の積＝内項の積」で変形すると、もとの式に戻るよね。

「!?」って思ったら読んでね。思わなかったら飛ばして OK！

計算しよう！

③に①を代入して、$c = 12$
②に $c = 12$ を代入して、$b = 0$
①に $b = 0$ を代入して、$a = 42$

方程式などの計算はここで確認。必ず自分で計算してから、答え合わせに使ってね！

ここで選択肢を斬る！

求めるのは y の値だよね！ 選択肢の数値で、$100 - y$ が 49 の倍数になるのは、肢 1 の $y = 2$ しかないよね。

解法の途中で選択肢が切れるポイントをチェック！

小太郎の電卓部屋

ドイツの生産量
$100,426 \times 0.082 \fallingdotseq 8,235$
ロシアの国内供給量
$164,595 \times 0.065 \fallingdotseq 10,699$

資料解釈で登場します！　ちゃんと計算した結果はここで確認！　あくまで参考として見てね。

文字通り、その問題のポイント！　大事なところだからしっかり理解してね！

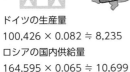

公式

組合せの公式
異なる n 個から r 個を選ぶ方法

$$_n C_r = \frac{_n P_r}{r!}$$

問題を解くのに必要な公式、法則、定理もこんな形で載ってるよ！

法則

速さと比の関係
速さが同じ⇒時間と距離は比例
時間が同じ⇒速さと距離は比例
距離が同じ⇒速さと時間は反比例

定理

余事象
Aの起こる確率
＝1－Aの起こらない確率

さあ！始まるぞ！

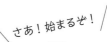

本書に掲載している過去問の出典表記の補足です

国家一般職	国家一般職（高卒）の問題です
国家Ⅲ種	現在の「国家一般職（高卒）」の問題です（2012年より改定）
裁判所職員一般職	裁判所職員一般職（高卒）の問題です
裁判所事務官Ⅲ種	現在の「裁判所職員一般職（高卒）」の問題です（2012年より改定）
入国警備官等	入国警備官，海上保安学校学生，航空保安大学校学生，皇宮護衛官（高卒）の共通問題です
海上保安大学校等	海上保安大学校学生，気象大学校学生の共通問題です

方程式・不等式 ➡ 読解力を養え！

重要度

ガイダンス

★方程式と不等式の文章問題です。式の立て方と解法を復習しましょう。
★色々な問題があり、トータルではけっこうな出題数になります。

パターン 1

　　ある献立を、下ごしらえ、炒め、煮込みの手順で調理した。今、次のア～ウの
ことが分かっているとき、炒めた時間はどれか。　　　　　　特別区Ⅲ類 2018

　　ア　下ごしらえは、調理した時間全体の 4 割より 6 分長かった。
　　イ　炒めは、調理した時間全体の 3 割より 8 分短かった。
　　ウ　煮込みは、調理した時間全体の 2 割より 8 分長かった。

1．8 分
2．9 分
3．10 分
4．11 分
5．12 分

　調理した全体の時間を x 分とすると、条件ア～ウ
より、それぞれの調理時間は次のように表せます。

　　ア　下ごしらえの時間　→　$0.4x + 6$（分）…①
　　イ　炒めた時間　　　　→　$0.3x - 8$（分）…②
　　ウ　煮込みの時間　　　→　$0.2x + 8$（分）…③

　①～③の合計は x 分ですので、次のような方程式
が立ちます。

$$0.4x + 6 + 0.3x - 8 + 0.2x + 8 = x$$

計算しよう！

両辺を 10 倍して、
$4x + 60 + 3x - 80 + 2x + 80 = 10x$
移項し整理して、
$-x = -60$　∴ $x = 60$

これを解いて $x = 60$ が得られ、全体の時間は 60 分となります。

これより、②に $x = 60$ を代入して、炒めた時間は、$60 \times 0.3 - 8 = 18 - 8 = 10$（分）とわかり、正解は肢 3 です。

正解 ③

Exercise 1

燃料をタンク容量まで満たした自動車がある。1 日目はタンク容量の半分より 15L 多く燃料を消費し、2 日目は 1 日目に消費していない燃料の半分より 10L 多く消費して運転したところ、残りの燃料は 5L となった。この自動車の燃料のタンク容量はどれか。

📖 特別区Ⅲ類 2017

1. 70L
2. 75L
3. 80L
4. 85L
5. 90L

タンクの容量を x L とすると、1 日目に消費した燃料は、$0.5x + 15$（L）と表せます。そうすると、この日の残りは、

$$x - (0.5x + 15) = x - 0.5x - 15$$
$$= 0.5x - 15 \,(\text{L})$$

となりますから、2 日目に消費した燃料は、$0.5(0.5x - 15) + 10$（L）と表せます。

2 日目の残りは 5L ですから、2 日間で消費した燃料について、次のような方程式が立ちます。

$$0.5x + 15 + 0.5(0.5x - 15) + 10 = x - 5$$

これを解いて $x = 90$ が得られ、タンクの容量は 90L とわかり、正解は肢 5 です。

正解 ⑤

計算しよう！

「0.5」は 2 倍すれば整数になるので、まず、両辺を 2 倍して、
$x + 30 + (0.5x - 15) + 20 = 2x - 10$
（ ）をはずし、さらに両辺を 2 倍して、
$2x + 60 + x - 30 + 40 = 4x - 20$
$-x = -90$ ∴ $x = 90$

　ある中学校では、幼稚園を訪問し交流会を行うことにした。交流会に参加する生徒数は 37 名、園児数は 70 名である。生徒 3 名と園児 6 名の班、生徒 4 名と園児 7 名の班をそれぞれいくつかつくると、ちょうど全員を班に分けることができた。このとき、生徒 3 名と園児 6 名の班の数として、正しいのはどれか。

出典▶警視庁Ⅲ類 2012

1. 3
2. 4
3. 5
4. 6
5. 7

　生徒 3 名と園児 6 名の班の数を x、生徒 4 名と園児 7 名の班の数を y とすると、生徒数と園児数より、次のような方程式が立ちます。

$$3x + 4y = 37 \quad \cdots ①$$
$$6x + 7y = 70 \quad \cdots ②$$

　これを解いて、$x = 7$，$y = 4$ が得られ、生徒 3 名と園児 6 名の班の数は 7 で、正解は肢 5 です。

正解 **5**

計算しよう！

①×2 −②より、
$$6x + 8y = 74$$
$$-\underline{)\,6x + 7y = 70}$$
$$y = 4$$
①に代入して、
$$3x + 4 \times 4 = 37$$
$$3x = 21 \quad \therefore x = 7$$

Exercise 2

あるパン屋では、税込価格でカレーパンが1個240円、クロワッサンが1個180円、塩パンが1個120円で売られている。ある日、この店で売れた3種類のパンの売上金額の合計が57,600円であり、カレーパンの売れた数がクロワッサンの売れた数の2倍より22個少なく、クロワッサンの売れた数が塩パンの売れた数の2倍より8個多いとき、カレーパンの売れた数として、正しいのはどれか。

出題 東京都Ⅲ類 2021

1. 88個
2. 110個
3. 132個
4. 154個
5. 176個

この日に売れたカレーパン，クロワッサン，塩パンの個数をそれぞれ、x個，y個，z個とすると、条件より、次のような方程式が立ちます。

$$240x + 180y + 120z = 57600 \quad \cdots ①$$
$$x = 2y - 22 \quad \cdots ②$$
$$y = 2z + 8 \quad \cdots ③$$

これを解いて、$x = 154$，$y = 88$，$z = 40$ が得られ、カレーパンの売れた個数は154個で、正解は肢4です。

正解 ④

One Point Advice

x，y，zと未知数が3つあるときは、式も3本必要。未知数の数だけ式があれば、未知数の値を特定できるよね。

計算しよう!

①の両辺を60で割って、②を代入して、$4(2y - 22) + 3y + 2z = 960$
$8y - 88 + 3y + 2z = 960$
$11y + 2z = 1048$
③を代入して、
$11(2z + 8) + 2z = 1048$
$22z + 88 + 2z = 1048$
$24z = 960 \quad \therefore z = 40$
$z = 40$ を③に代入して、
$y = 2 \times 40 + 8 = 88$
$y = 88$ を②に代入して、
$x = 2 \times 88 - 22 = 154$

　ある小学生のグループがある。鉛筆を 5 本ずつ配ると 20 本余り、7 本ずつ配ると最後の生徒だけ 5 本以上足りない。鉛筆を 6 本ずつ配ったとき、余る本数として最も妥当なのはどれか。

東京消防庁Ⅲ類 2020

1．4 本
2．5 本
3．6 本
4．7 本
5．8 本

　小学生の人数を x 人とすると、5 本ずつ配って 20 本余るので、鉛筆の本数は $5x + 20$（本）と表せます。

　また、7 本ずつ配った場合、最後の生徒 1 人を除く $x - 1$（人）には 7 本ずつ配れるので、ここでまず、$7(x - 1)$ 本の鉛筆があり、さらに、最後の 1 人は 5 本以上足りないので、配られる鉛筆は 2 本以下となり、鉛筆の本数の範囲について、次のような不等式が立ちます。

$$7(x - 1) \leqq 5x + 20 \leqq 7(x - 1) + 2$$

　これを解いて、$12.5 \leqq x \leqq 13.5$ となり、この範囲の整数は $x = 13$ のみで、小学生の人数は 13 人とわかります。

　これより、$5x + 20$ に $x = 13$ を代入して、鉛筆の本数は次のようになります。

$$5 \times 13 + 20 = 85 （本）$$

　そうすると、これを 13 人に 6 本ずつ配ったときに余る本数は、次のようになりますね。

$$85 - 6 \times 13 = 85 - 78 = 7 （本）$$

　よって、正解は肢 4 です。

 計算しよう！

「A＜B＜C」の形の不等式は、「A＜B」「B＜C」に分解して解こう！
まず、前半より、
$7(x - 1) \leqq 5x + 20$
$7x - 7 \leqq 5x + 20$
$2x \leqq 27$ 　∴ $x \leqq 13.5$
次に、後半より、
$5x + 20 \leqq 7(x - 1) + 2$
$5x + 20 \leqq 7x - 7 + 2$
$-2x \leqq -25$ 　∴ $x \geqq 12.5$

正解

E x e r c i s e 3

　ある商品が 90 個以上ある。これをある決まった数の箱に、5 個ずつ詰めていくと、全ての箱を使用してもその商品は 22 個だけ余り、7 個ずつ詰めていくと、全ての箱を使用したが最後の箱に詰めた商品は 1 個以上 7 個未満であった。このとき、この商品は全部で何個あるか。

刑務官 2019

1．92 個
2．97 個
3．102 個
4．107 個
5．112 個

　箱の数を x とすると、商品の個数は、$5x + 22$（個）と表せます。
　7 個ずつ詰めた場合、最後の 1 箱を除く $x - 1$（箱）には 7 個ずつ入り、最後の 1 箱には 1 個以上 7 個未満なので、次の不等式が成り立ちます。

　　右辺は、はじめから「$7x$」で OK！

$$7(x-1)+1 \leqq 5x + 22 < 7(x-1)+7$$

計算しよう！

前半より、
$7x - 7 + 1 \leqq 5x + 22$
$2x \leqq 28$
$\therefore x \leqq 14$
後半より、
$5x + 22 < 7x - 7 + 7$
$-2x < -22$
$\therefore x > 11$

　これを解いて、$11 < x \leqq 14$ となり、これを満たす整数 x は、$x = 12$，13，14 となります。
　これより、それぞれの場合の商品の個数を、$5x + 22$ に代入して確認すると、次のようになります。

　　　$x = 12$ の場合　　$12 \times 5 + 22 = 82$
　　　$x = 13$ の場合　　$13 \times 5 + 22 = 87$
　　　$x = 14$ の場合　　$14 \times 5 + 22 = 92$

　よって、「90 個以上」という条件を満たすのは「92 個」のみで、正解は肢 1 です。

正解 **1**

ワンポイントアドバイス
One Point Advice

「90 個以上」を満たす答えが 1 つに決まるんだったら、一番大きい $x = 14$ のときだってわかるよね。

Exercise 4

ある数のキャンディーを子供たちに配ろうとしたところ、それぞれの子供に2個ずつ配ると33個残り、4個ずつ配ると10個以上残り、6個ずつ配ると10個以上足りなくなった。このとき、子供の人数はどれか。　　　　📖 特別区Ⅲ類 2002

1. 7人
2. 8人
3. 9人
4. 10人
5. 11人

【解法1】

　子供の人数を x 人とすると、キャンディーの個数は、$2x + 33$（個）と表せますね。

　4個ずつ配ると10個以上残ることから、キャンディーの個数は、4x + 10（個）以上あることがわかり、6個ずつ配ると10個以上足りないことから、キャンディーの個数は、6x − 10（個）以下であることがわかり、次の不等式が成り立ちます。

ここがポイント！

$$4x + 10 \leqq 2x + 33 \leqq 6x - 10$$

計算しよう！

前半より、$2x \leqq 23$
　　$\therefore x \leqq 11\frac{1}{2}$

後半より、$-4x \leqq -43$
　　$\therefore x \geqq 10\frac{3}{4}$

　これを解いて、$10\frac{3}{4} \leqq x \leqq 11\frac{1}{2}$ ですから、この範囲の整数 x は、$x = 11$ のみです。

　よって、子供の人数は11人とわかり、正解は肢5です。

【解法2】

　選択肢のそれぞれについて、題意を満たすか確認してみます。

　子供の人数の2倍に33を加えてキャンディーの個数を計算すると、肢1の7人の場合、$2 \times 7 + 33 = 47$（個）で、これを4個ずつ配ると、$47 - 4 \times 7 = 19$（個）残ります。しかし、6個ずつ配った場合、$6 \times 7 = 42$（個）で済みますので、不足はありませんね。よって、条件を満たしません。

　同様に、肢2～5について、キャンディーの個数と、

4個ずつ、6個ずつ配ったときの残りと不足数を確認
すると、次のようになります。

肢2　$2 \times 8 + 33 = 49$　$\Rightarrow$　$4 \times 8 = 32$（17残る）
　　　　　　　　　　　　　　$6 \times 8 = 48$（1残る）
肢3　$2 \times 9 + 33 = 51$　$\Rightarrow$　$4 \times 9 = 36$（15残る）
　　　　　　　　　　　　　　$6 \times 9 = 54$（3不足）
肢4　$2 \times 10 + 33 = 53$　$\Rightarrow$　$4 \times 10 = 40$（13残る）
　　　　　　　　　　　　　　$6 \times 10 = 60$（7不足）
肢5　$2 \times 11 + 33 = 55$　$\Rightarrow$　$4 \times 11 = 44$（11残る）
　　　　　　　　　　　　　　$6 \times 11 = 66$（11不足）

4個ずつ配ったときの残りは2
ずつ小さくなり、6個ずつ配っ
たときの不足は4ずつ大きく
なることに気づけばカンタンだ
けど、本問は選択肢があまり絞
れないから、【解法1】のほう
がラクじゃないかな!?

　よって、肢5のみ条件を満たすことがわかります
ね。

正解 ⑤

約数・倍数 ➡ 基本を固めよ！

重要度

ガイダンス ✐

★次のセクションで「整数」の問題を扱いますが、その前に、整数の重要な要素である約数と倍数の性質を扱います。

★約数や倍数に特化した問題の出題はさほど多くありませんが、整数の問題は頻出ですので、しっかり基本を固めておきましょう。

パターン 4

44，78，112のどの数も自然数Aで割ると10余り、自然数Bを12，18，30のどの数で割っても3余るとき、AとBとの和の値のうちで最小となるものはどれか。

🏛 警視庁Ⅲ類 2005

1. 192
2. 194
3. 196
4. 198
5. 200

まず、44，78，112はいずれも自然数Aで割って10余るわけですから、それぞれから10を引いた、34，68，102はいずれもAで割り切れることになりますね。

つまり、Aは34，68，102に共通する約数である「公約数」とわかりますので、まず、これらの数の「最大公約数」を図1のように求めます。

ナットクいかない方はこちら

割り切れる数よりも「余りの数」だけ多いから、余るんだよね。

図1

$$
\begin{array}{l}
最大公約数 \\
= 2 \times 17 \\
= 34
\end{array}
\quad
\begin{array}{r}
2\,)\,\underline{34 \quad 68 \quad 102} \\
17\,)\,\underline{17 \quad 34 \quad 51} \\
1 \quad\; 2 \quad\;\; 3
\end{array}
$$

これより、34，68，102の最大公約数は、2 × 17 = 34であり、公約数はその34の約数である1，

2，17，34 の 4 つがあることになり、これらが自然数 A の候補になります。

　しかし、A は 10 より大きい数ですから、A = 17，34 の 2 つが考えられることになります。

　次に、B は 12，18，30 のいずれで割っても 3 余るので、これらの数に共通する倍数である「公倍数」に 3 を加えた数とわかります。

　では、まずはこれらの数の「最小公倍数」を求めましょう。図 2 のようになりますね。

図 2

```
2) 12  18  30
3)  6   9  15
    2   3   5  ----> 最小公倍数
    2 × 3 × 2 × 3 × 5 = 180
```

　最小公倍数は図 2 の破線の部分を L の字に掛けて、2 × 3 × 2 × 3 × 5 = 180 となり、180 の倍数である 180，360，540…という数が、12，18，30 の公倍数であり、これに 3 を加えた、183，363，543…が B と認められます。

　よって、求める A と B の和の最小値は、それぞれの最小の値である、A = 17，B = 183 の和をとって、200 とわかり、正解は肢 5 です。

正解 ⑤

ちょっと補足

「公約数」は「最大公約数の約数」になるんだよ！

ここがポイント！

A で割って 10 余るんだからね。

ちょっと補足

最小公倍数は 3 つともに割れる数がなくなっても、2 つでも割れる数があれば続けるんだ。たとえば、12，24，30 の最小公倍数は次のようになるよ。

```
2) 12  24  30
3)  6  12  15
2)  2   4   5
    1   2   5
----> 120
```

ちょっと補足

「公倍数」は「最小公倍数の倍数」となり、これは無数にあるからね！

　ある町に年中無休のプールがある。このプールに定期的に泳ぎにくる3人がおり、田中さんは9日ごとに、斉藤さんは12日ごとに、山口さんは8日ごとにくる。3人ともいつも同じ時間帯にくるとする。3月1日に3人が会ったとすると、次に3人がプールにそろうのはいつか。　　　　　　　　　東京消防庁Ⅲ類 2004

1．4月12日
2．4月22日
3．5月2日
4．5月12日
5．5月22日

　3月1日から、田中さんは9日後、18日後…と、9の倍数日後に、同様に斉藤さんは12の倍数日後、山口さんは8の倍数日後にくるわけですから、次に3人がそろうのは、9，12，8の最小公倍数である日数を経た日であることがわかります。
　では、これらの数の最小公倍数を求めましょう。次のようになりますね。

$$
\begin{array}{r}
2\,)\underline{9\quad 12\quad 8} \\
2\,)\underline{9\quad 6\quad 4} \\
3\,)\underline{9\quad 3\quad 2} \\
3\quad 1\quad 2
\end{array}
$$

ちょっと補足

前問でも触れたように、2つでも割れる数があればその数で割る。割れない数はそのまま下に下ろせばいい！

　これより、2×2×3×3×1×2＝72が最小公倍数となり、72日ごとに3人はそろうことがわかります。
　よって、3月1日から、まず31日後が4月1日、その30日後が5月1日ですから、72＝31＋30＋11より、5月1日から11日後である5月12日が、ちょうど72日後に当たり、この日に3人が再びそろうことがわかります。
　従って、正解は肢4ですね。

3月は大の月、4月は小の月だからね。

正解 ④

自然数A，Bがあり，BはAの2倍より24大きく，AとBの最小公倍数はAの8倍で，最大公約数は12である。このとき，AとBの最小公倍数として、最も妥当なのはどれか。

警視庁Ⅲ類 2018

1. 72
2. 96
3. 192
4. 288
5. 576

AとBの最大公約数が12なので、AとBを12で割った商をそれぞれ a，b とすると、A ＝ $12a$，B ＝ $12b$ と表せますね。そうすると、AとBの最小公倍数は $12ab$ と表せ、条件より、これはAの8倍ですから、次のような関係になります。

$$12ab = 12a \times 8$$

これより、$b = 8$ とわかり、B ＝ $12 \times 8 = 96$ となります。そして、条件より、BはAの2倍より24大きいので、次のようになりますね。

$$2 \times 12a + 24 = 96$$

これを解いて、$a = 3$ が得られ、AとBの最小公倍数は、$12ab = 12 \times 3 \times 8 = 288$ で、正解は肢4です。

正解 **4**

a と b は、もちろん、これ以上共通の数で割れないからね。

ちょっと補足

こういうことね。

$$12\overline{)\,\begin{array}{cc} A & B \\ a & b \end{array}}$$

最小公倍数＝$12ab$

計算しよう！

$24a = 72$ $\therefore a = 3$

One Point Advice

ここで、最大公約数＝12、最小公倍数＝$12ab$、
A×B ＝ $12a \times 12b = 12 \times 12ab$
となるように、「2つの数の積」は、その2数の「最大公約数×最小公倍数」に等しくなるんだ。覚えておくと便利かも！

Exercise 6

ある自然数A，Bは、最大公約数が10、最小公倍数が7140で、AはBより130大きい。自然数AとBの和はどれか。　　　　特別区Ⅲ類 2016

1．420
2．550
3．680
4．810
5．940

AとBの最大公約数が10ですから、前問と同様に、A = 10a，B = 10bとすると、最小公倍数は10abと表せます。これより、10ab = 7140 から、ab = 714となるので、この714を素因数分解して、次のように表します。

$$ab = 2 \times 3 \times 7 \times 17 \cdots ①$$

また、条件より、AはBより130大きいので、

$$10a = 10b + 130$$
両辺を10で割って、$a = b + 13 \cdots ②$

となり、①，②を満たす2数を探すと、$a = 34$，$b = 21$とわかります。

これより、A = 10 × 34 = 340，B = 10 × 21 = 210となり、A + B = 550で、正解は肢2です。

正解 ②

ちょっと補足

こうするんだね。

```
2 ) 714
3 ) 357
7 ) 119
    17
```

ちょっと補足

「2 × 3 × 7 × 17」を差が13になる2数に分けるよ。
「17」をどの数と組み合わせるかで考えると早いかな。
「17」と「2 × 3 × 7 = 42」→×
「17 × 2 = 34」と「3 × 7 = 21」
　　　　　　　　　　　　→○
「17 × 3 = 51」と「2 × 7 = 14」
　　　　　　　　　　　　→×
って感じで探すんだ！

5けたの正の整数72□□2がある。この□□に適当な数を入れて3の倍数となるようにしたとき、最大のものと最小のものの差はいくつになるか。

出典 国家Ⅲ種 2002

1．780
2．840
3．870
4．930
5．960

まず、3の倍数の見分け方（3の倍数となる条件）を確認しましょう。

たとえば、ある3桁の整数の百の位の数を a 、十の位の数を b 、一の位の数を c とすると、その数は「$100a + 10b + c$」と表され、次のように書き換えることができます。

$$100a + 10b + c$$
$$= 99a + 9b + a + b + c$$
$$= 9(11a + b) + a + b + c$$

ここで、9（11a + b）は9の倍数なので、3の倍数でもありますから、「$a + b + c$」が3の倍数であれば、この整数は3の倍数となります。

そして、これは何桁になっても同様のことがいえ、各桁の数の和が3の倍数なら、その整数は3の倍数となることが証明されます。

では、これを利用して、72□□2が3の倍数となる場合を考えます。

各桁の和である、7＋2＋□＋□＋2が3の倍数になるので、11＋□＋□が3の倍数になるには、□＋□は最小で1であれば11＋1＝12でOKですね。

よって、最小の72□□2は、「72012」とわかります。

また、□はそれぞれ1桁の数ですから□＋□は最大でも9＋9＝18ですので、この範囲で11と足し

法則

倍数の見分け方
① 2の倍数
　⇒一の位が2の倍数
② 3の倍数
　⇒各位の和が3の倍数
③ 4の倍数
　⇒下2桁が4の倍数
④ 5の倍数
　⇒一の位が0か5
⑤ 6の倍数
　⇒各位の和が3の倍数で、一の位が偶数
⑥ 8の倍数
　⇒下3桁が8の倍数
⑦ 9の倍数
　⇒各位の和が9の倍数

ちょっと補足

5桁の整数を小さくするには、1は小さいほうの位に入れること！「72102」にしないようにね！

て3の倍数になるのは、11 + 16 = 27 が考えられます。

　よって、最大の数は□＋□が 16 になるときで、百の位がなるべく大きくなるように、16 を配分すると、「72972」とわかりますね。

　これより、最大のものと最小のものの差は、72972 − 72012 = 960 となり、正解は肢5です。

正解⑤

Exercise 7

　3の倍数である3桁の自然数がある。この数の百の位の数と十の位の数を加えると8で、また十の位の数と一の位の数を加えると7になる。このような数の個数として、最も妥当なのはどれか。 　　　　　　　　　　警視庁Ⅲ類 2017

1. 2個
2. 3個
3. 4個
4. 5個
5. 6個

　百の位と十の位の数を加えて8になるので、これと足して3の倍数になるような一の位の数は、1，4，7の3通りです。それぞれについて、和が7になる十の位の数を求めると6，3，0、さらにこれとの和が8になる百の位の数を求めると2，5，8で、それぞれの自然数は次のようになりますね。

この自然数は3の倍数だからね。前問で確認したように、各位の数の和が3の倍数になるんだ。

261　　534　　807

　よって、3個とわかり、正解は肢2です。

正解②

MEMO

整数 ➡ 本質を理解せよ！

重要度

ガイダンス 📍

★整数の基本的な性質は、数的推理の問題全体につながる重要な要素です。ここでは、整数であることに着目した文章問題などを扱います。

★出題頻度の高い重要分野です。

パターン 7

6で割ると3余り、7で割ると4余り、9で割ると6余る正の整数のうちで、3桁の整数はいくつあるか。　　　　出典 東京消防庁Ⅲ類 2005

1. 6個
2. 7個
3. 8個
4. 9個
5. 10個

　与えられた3つの条件を同時に満たす数を、式に表すことができないか考えてみましょう。

　もし、6，7，9のいずれで割った場合でも、余りが一致しているのであれば、6，7，9のいずれでも割り切れる数、つまり公倍数にその余りを加えた数として、式に表せます。

　しかし、本問の余りはバラバラですね。こういうときは「不足」のほうを見てください。「6で割ると3余る」というのは、余りの3にもう3だけ加えれば、6で割り切れるわけですから、「6で割ると3不足」という見方もできます。

　同様に「7で割ると4余る」も3を加えれば7で割り切れ、「9で割ると6余る」も3を加えれば9で割り切れます。

　すなわち、本問の条件は「6，7，9のいずれで割っても3不足」という不足が一致するタイプですから、

ナットクいかない方はこちら

たとえば、6，7，9のいずれで割っても3余る数なら、「6，7，9の公倍数＋3」という形に表せるってこと。

ちょっと補足

「不足」は割る数と余りの差に当たる数になるよね。

「6，7，9の公倍数より3少ない数」として式に表せます。

　6，7，9の最小公倍数は126ですから、126の倍数を $126n$（nは整数）とすると、この整数は $126n - 3$ という形になり、3桁の範囲で次のような不等式を立てます。

$$100 \leqq 126n - 3 \leqq 999$$

　これを解いて、この式を満たす整数 n の範囲は、$1 \leqq n \leqq 7$ とわかりますので、整数 n の個数は7個となり、条件を満たす3桁の整数は7個あります。

　よって、正解は肢2ですね。

正解②

ちょっと補足

$$3 \overline{)\ 6\quad 7\quad 9} \\ \ 2\quad 7\quad 3$$

$3 \times 2 \times 7 \times 3 = 126$

計算しよう！

すべての辺に3を足して、
$$103 \leqq 126n \leqq 1002$$
すべての辺を126で割って、
$$\frac{103}{126} \leqq n \leqq 7\frac{60}{63}$$

ワンポイントアドバイス
One Point Advice

特に不等式にしなくとも、条件を満たす数で3桁で最小のものと最大のものを、力ずくで見つけてもOK！
好きな方法で答えを出してね！

法　則

余りの表し方
① a で割っても b で割っても c 余る数
　⇒ a と b の公倍数＋ c
② a で割っても b で割っても c 不足する数
　⇒ a と b の公倍数－ c
③ a で割ると c 余り、b で割ると d 余る数
　⇒ a と b の公倍数
　　＋条件を満たす最小数

　100 以上 400 未満の自然数であって、9 で割った余りが 3 、4 で割った余りが 1 であるような自然数の個数として、最も妥当なのはどれか。

警視庁Ⅲ類 2021

1. 6
2. 8
3. 10
4. 12
5. 14

　まず、「9 で割った余りが 3 、4 で割った余りが 1」という条件を満たす数を式で表すことを考えます。

　9 で割ったときと 4 で割ったときの余りは一致していませんね。不足のほうを確認すると、9 で割ったときの不足は 6 、4 で割ったときの不足は 3 で、こちらも不一致です。すなわち、余りも不足も一致しないタイプとなりますが、このような場合は、まず、次のように書き出すなどして、条件を満たす最小の数を探します。

　①9 で割って 3 余る数 ⇒ 3 , 12 , 21 , 30 , …
　②4 で割って 1 余る数 ⇒ 1 , 5 , 9 , 13 , 17 ,
　　　　　　　　　　　　　　21 , 25 , …

　これより、最初に共通して現れた「21」が条件を満たす最小の数とわかります。

　そして、その 21 に、①は 9 の倍数を加えた数が、②は 4 の倍数を加えた数が後に並ぶわけですから、21 に「9 と 4 の公倍数」を加えた数が、①と②に共通して現れることになります。

　9 と 4 の最小公倍数は 36 ですから、条件を満たす数は「21 ＋ 36 の倍数」となり、$36n + 21$（n は整数）と表すことができ、余りや不足が一致するタイプと同様に「割る数の公倍数 ＋ 定数」の形で表すことができます。

　では、100 以上 400 未満で不等式を立てましょう。

ちょっと補足

こういうカンジね！

① 21,30,39,48,57,66,75…93…
② 21,25,29,…,57,61,65…93…

$$100 \leqq 36n + 21 < 400$$

　これを解いて、この式を満たす整数 n の範囲は $3 \leqq n \leqq 10$ とわかり、整数 n は 8 個ですので、問題の条件を満たす自然数の個数は 8 となります。

　よって、正解は肢 2 です。

正解 ②

計算しよう!

すべての辺から 21 を引いて、

$79 \leqq 36n < 379$

すべての辺を 36 で割って、

$2\dfrac{7}{36} \leqq n < 10\dfrac{19}{36}$

15 以下の 5 つの異なる正の整数 A ～ E について、次のア～ウの式が成り立つとき、（A ＋ B）÷（C ＋ D）＋ E の値はどれか。　　　　　特別区Ⅲ類 2005

　ア　A × B ＝ 28
　イ　C × D ＝ 24
　ウ　B × E ＝ 48

1．13
2．14
3．15
4．16
5．17

　まず、A × B ＝ 28 より、A × B の組合せは 2 × 14 または 4 × 7 のいずれかですが、B × E ＝ 48 より、B は 48 の約数なので、2 または 4 となります。

A ～ E は 15 以下なので、1 × 28 はダメだね。

　しかし、B ＝ 2 では、E ＝ 48 ÷ 2 ＝ 24 となり、15 を超えますので、B ＝ 4，A ＝ 7，E ＝ 48 ÷ 4 ＝ 12 とわかります。

　そして、C × D ＝ 24 より、C × D の組合せは 2 × 12，3 × 8，4 × 6 の 3 通りが考えられますが、A ～ E は異なる整数ですから、C，D は 4 及び 12 ではありませんので、C × D は 3 × 8 に決まります。どちらが 3 か 8 かは不明ですが、与えられた計算式には「C ＋ D」とありますので、いずれにおいても 3 ＋ 8 ＝ 11 ですから問題ありませんね。

B ＝ 4，E ＝ 12 だからね。

　よって、求める値は次のようになります。

　　　（A ＋ B）÷（C ＋ D）＋ E
　　＝（7 ＋ 4）÷ 11 ＋ 12
　　＝ 11 ÷ 11 ＋ 12
　　＝ 1 ＋ 12
　　＝ 13

これより、正解は肢 1 ですね。

正解 **1**

次のア～エのAからGは、それぞれ違う数字であり、0，1，2，3，4，5，6のいずれかである。Gにあてはまる数はいくらか。 ▶️東京消防庁Ⅲ類 2005

ア　A＋B＝E
イ　C－A＝G
ウ　B×D＝D
エ　E÷B＝F

1．1
2．2
3．3
4．4
5．5

まず、条件ウについて、B×D＝DとなるB，Dを考えましょう。D≠0であれば、B＝1のときのみ成り立ちますが、条件エの値が、B＝1ではE÷1＝Eになってしまい、成り立ちません。よって、D＝0と決まります。

また、条件エより、E＝B×Fとなりますが、残る1～6のうちの異なる整数でこれを満たすのは、<u>6＝2×3のみ</u>で、E＝6がわかります。

これより、Bは2または3ですが、B＝3では、条件アの値が、A＋3＝6より、A＝3となり、成り立ちません。よって、B＝2，F＝3，A＝4と決まりますね。

残るのはCとGで、1と5のいずれかですが、条件イより、C－4＝Gですから、これを満たすのはC＝5，G＝1のときとわかります。

よって、正解は肢1ですね。

One Point Advice

足し算、引き算より、掛け算、割り算のほうが、数字を特定しやすいから、条件ウ，エから見ていこう！

BとFは、2と3のいずれかはまだわからないけどね。

正解 ①

N を $1 \sim 9$ の 1 つの整数、四則演算の記号を□, △, ○, ☆とすると、

$0 = N \square N$

$1 = N \triangle N$

$2 = N \square (N \, \text{☆} \, N) \triangle N$

$3 = (N \, \text{☆} \, N \, \text{☆} \, N) \triangle N$

となるとき、5 を表す式はどれか。 出▶特別区Ⅲ類 2003

1. $N \, \text{☆} \, (N \square N) \bigcirc N$
2. $(N \bigcirc N \, \text{☆} \, N) \triangle N$
3. $N \, \text{☆} \, (N \, \text{☆} \, N) \triangle N$
4. $N \, \text{☆} \, N \square N \triangle N$
5. $N \, \text{☆} \, N \, \text{☆} \, N \square N$

「$N \square N = 0$」と「$N \triangle N = 1$」を満たす、□と△を考えましょう。四則演算の記号を入れると、次のようになりますね。

$$N + N = 2N \qquad N - N = 0$$
$$N \times N = N^2 \qquad N \div N = 1$$

N は $1 \sim 9$ のいずれかの整数なので、$N \square N = 0$ となる□は「$-$」しかありませんね。

$N \triangle N = 1$ となる△は「$\div$」が考えられますが、$N = 1$ であれば「$\times$」も可能性はあります。

しかし、この場合、「$N \square (N \, \text{☆} \, N) \triangle N = 2$」に代入すると「$1 - (1 \, \text{☆} \, 1) \times 1 = 2$」となり、これを満たすには「$1 \, \text{☆} \, 1 = -1$」ですが、このような☆はありませんので、成り立ちませんね。よって、△は「$\div$」と決まることになります。

そうすると、「$(N \, \text{☆} \, N \, \text{☆} \, N) \triangle N = 3$」について、☆は「$+$」か「$\times$」ですが、「$\times$」の場合、$\dfrac{N^3}{N} = N^2 = 3$ となる整数はありませんから、☆は「$+$」となり、$\dfrac{3N}{N} = 3$ は N がいずれの数でも成り立ちます。

あとは、これらを「$N \square (N \, \text{☆} \, N) \triangle N = 2$」に入れて確認すると、次のようになりますね。

$$N - (N + N) \div N = 2$$
$$N - \frac{2N}{N} = 2$$
$$N - 2 = 2 \qquad \therefore N = 4$$

　よって、N の値は 4、□は−、△は÷、☆は＋、
残る○は×とわかり、選択肢に代入して式の値を確認
しましょう。

肢 1　$4 + (4 - 4) \times 4 = 4 + 0 \times 4 = 4$
肢 2　$(4 \times 4 + 4) \div 4 = 20 \div 4 = 5$
肢 3　$4 + (4 + 4) \div 4 = 4 + 8 \div 4 = 6$
肢 4　$4 + 4 - 4 \div 4 = 4 + 4 - 1 = 7$
肢 5　$4 + 4 + 4 - 4 = 8$

　これより、正解は肢 2 ですね。

正解

　ある猿は、公演で宙返りを披露しており、1度の公演で1回転又は2回転の宙返りをすると、その公演後に木の実がもらえることとなっている。もらえる木の実の数は、それまでの公演での回転数の累計で決まり、この累計が偶数の場合は2個、奇数の場合は1個である。例えば、表のような3度の公演で、公演1では2回転、公演2では1回転、公演3では2回転の宙返りを披露した場合、もらえる木の実の数の合計は4個である。

	1度の公演 での回転	回転数の累計	もらえる 木の実の数
公演1	2回転	2（偶数）	2個
公演2	1回転	2＋1＝3（奇数）	1個
公演3	2回転	2＋1＋2＝5（奇数）	1個

　この猿が、公演1〜6の6度の公演で宙返りを、ある順番で、1回転を2度、2回転を4度披露した。このとき、もらえた木の実の数の合計が7個であった。いま、1回転を披露した公演を全て2回転に、2回転を披露した公演を全て1回転にし、1回転を4度、2回転を2度披露することとしたとき、もらえる木の実の数の合計はいくつになるか。　　　　　　　　📖 刑務官 2022

1. 6個
2. 7個
3. 8個
4. 9個
5. 10個

　6度の公演それぞれで、木の実を1個ずつもらっても合計6個なので、合計が7個ということは、2個もらえた公演、つまり、累計が偶数になった公演が1度しかなかったということですね。

　回転数の累計は、1回転だと「プラス1」ですから、それまで奇数の場合は偶数に、偶数の場合は奇数となりますが、2回転だと「プラス2」で、それまで偶数の場合は偶数、奇数の場合は奇数のままです。

　そうすると、1回転を披露した2度のうち、1度が「プラス1」となることで、それまで奇数だった累計を偶数に変えたとすると、偶数はその1度だけですので、あとはすべて累計が奇数だったことになります。

これより、そうなる方法を考えると、表１のように、最初に１回転で「累計１」、その後は２回転を４度連続して披露し、累計は奇数のままで、最後に１回転を披露して累計が偶数になったとわかります。

表１

	1 度の公演での回転	回転数の累計	もらえる木の実の数
公演 1	1 回転	1（奇数）	1 個
公演 2	2 回転	1 + 2 = 3（奇数）	1 個
公演 3	2 回転	3 + 2 = 5（奇数）	1 個
公演 4	2 回転	5 + 2 = 7（奇数）	1 個
公演 5	2 回転	7 + 2 = 9（奇数）	1 個
公演 6	1 回転	9 + 1 = 10（偶数）	2 個

ここで、すべての公演の１回転と２回転を逆にすると、表２のようになります。

表２

	1 度の公演での回転	回転数の累計	もらえる木の実の数
公演 1	2 回転	2（偶数）	2 個
公演 2	1 回転	2 + 1 = 3（奇数）	1 個
公演 3	1 回転	3 + 1 = 4（偶数）	2 個
公演 4	1 回転	4 + 1 = 5（奇数）	1 個
公演 5	1 回転	5 + 1 = 6（偶数）	2 個
公演 6	2 回転	6 + 2 = 8（偶数）	2 個

これより、この場合にもらえる木の実の数は、2 + 1 + 2 + 1 + 2 + 2 = 10（個）で、正解は肢 5 です。

正解 ⑤

5円，10円，50円，100円の硬貨がそれぞれ1枚以上、合わせて11枚あり、合計金額は395円であった。このとき確実にいえるのはどれか。

🔖 海上保安大学校等 2015

1．5円と10円の硬貨の枚数は合わせて6枚である。
2．5円と50円の硬貨の枚数は合わせて6枚である。
3．10円と50円の硬貨の枚数は合わせて6枚である。
4．10円と100円の硬貨の枚数は合わせて6枚である。
5．50円と100円の硬貨の枚数は合わせて6枚である。

まず、最少枚数で395円を作る方法を考えると表1のようになります。

表1

100円	50円	10円	5円
3枚	1枚	4枚	1枚

これで合計9枚ですから、ここから2枚増やして11枚になる方法を考えます。金額の低い硬貨へ変更して枚数を増やす方法は何通りもありますが、増加枚数が2枚以内の方法は以下の2通りですね。

100円硬貨1枚 → 50円硬貨2枚 …①
10円硬貨1枚 → 5円硬貨2枚 …②

①，②はいずれも1枚の増加ですから、この変更を2回行うことで2枚増加でき、その方法は表2の3通りとなります。

ナットクいかない方はこちら

50円硬貨1枚を10円硬貨5枚にすると4枚増えるし、100円硬貨1枚を10円硬貨10枚にすると9枚も増えるでしょ！

表2

	100円	50円	10円	5円
①×2	1枚	5枚	4枚	1枚
①＋②	2枚	3枚	3枚	3枚
②×2	3枚	1枚	2枚	5枚

ここから、選択肢を確認すると、正解は肢2とわかります。

正解②

年齢の異なる5人から2人ずつ選び出して、その年齢の和を計算すると、次のとおりとなる。

17，19，20，22，23，25，26，27，29，32

この5人のうち、最年長の者の年齢はいくつか。

裁判所事務官Ⅲ種 2002 改題

1．16歳
2．17歳
3．18歳
4．19歳
5．20歳

5人の年齢を低いほうからA〜Eとします。2人の年齢の和で最も小さいのはA＋Bで、これが17ですね。また、次に小さいのはA＋Cとなり、これが19です。

同様に最も大きいのはD＋Eで、これが32、次に大きいのはC＋Eで29です。ここまでを図1のようにまとめましょう。

ナットクいかない方はこちら

「A＋B」以外で最も小さくなるのは、AとBのうちの大きいほうのBを除き、残るC〜Eで最も小さいCを組み合わせた「A＋C」であることは、他の「A＋D」とか「B＋C」とかと比較して考えてもわかるでしょ！つまり、「1番＋2番」がトップで、「1番＋3番」が2番手。これは大きいほうでも、もちろん一緒！

図1

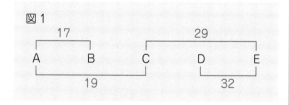

これより、「A＋B」と「A＋C」の差は、BとCの差になりますので、これが19－17＝2、同様にCとDの差は32－29＝3とわかります。

そうすると、「A＋C」より「A＋D」のほうが3大きいことになり、A＋D＝19＋3＝22とわかり

ます。同様に、「C + E」より「B + E」のほうが 2
小さいことになり、B + E = 29 - 2 = 27 となり、
図 2 を得ます。

図 2

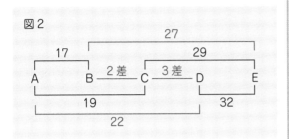

次に、「B + D」と「C + D」を考えると、「B + D」
のほうが 2 小さいのですが、残る和は、20，23，
25，26 の 4 つで、このうち差が 2 なのは、23 と
25 のみです。よって、B + D = 23，C + D = 25 が
わかります。そして、「B + C」は「B + D」より 3
小さいので 20、残る 26 が「A + E」となり、この
部分をまとめると図 3 のようになります。

図 3

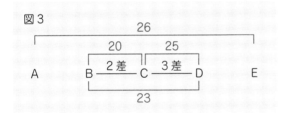

これより、たとえば B と C に着目すると、和が 20
で差が 2 なので、9 と 11 とわかります。これよ
り、B = 9，C = 11 で、図 2，3 に当てはめると、
次のようになりますね。

A	B	C	D	E
8	9	11	14	18

よって、最年長者の年齢は 18 歳とわかり、正解は
肢 3 です。

正解

B と C の差が 2 だから
だよ。

ちょっと補足

和差算より、和の 20 から差の
2 を引いて半分にすると（20
－ 2）÷ 2 ＝ 9 で、これが小さ
いほう。

ワンポイントアドバイス
One Point
Advice

選択肢から見当をつけて、適当
な数字を当てはめても、解けそ
うだね。
そこは柔軟に考えてね！

異なる四つの正の整数A〜D（A＜B＜C＜D）があり、これらのうちから二つを選んで積をとる。積を全て列挙すると、54，90，135，144，216，360の六つとなった。このとき確実にいえるのはどれか。

入国警備官等 2015

1．Aは3である。
2．Bは9である。
3．Cは18である。
4．Dは30である。
5．Dは36である。

本問は、2つの数の「積」ですが、前問と同じように考えると、最も小さい54はA×B、次に小さい90はA×Cですね。また、最も大きい360はC×D、次に大きい216はB×Dで、ここまでを次のようにまとめます。

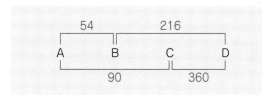

ここで、「A×B」と「A×C」の比は、BとCの比になりますので、B：C＝54：90＝3：5とわかります。

これより、B＝$3m$，C＝$5m$（mは正の整数）とおくと、B×C＝$15m^2$と表せ、これは15の倍数となりますね。2数の積で残るのは135と144ですが、このうち15の倍数は135だけですから、$15m^2 = 135$より、$m = 3$が得られ、ここから、次のように求められます。

ナットクいかない方はこちら

比の両方に同じ数を掛けたり、割ったりしても、比の値は変わらないから、「AB：AC」の両方をAで割って、「B：C」ってこと！

計算しよう！

両辺を15で割って、$m^2 = 9$
$m > 0$より、$m = 3$

B ＝ 3m に、m ＝ 3 を代入して、B ＝ 9
C ＝ 5m に、m ＝ 3 を代入して、C ＝ 15
A × B ＝ 54 に、B ＝ 9 を代入して、A ＝ 6
C × D ＝ 360 に、C ＝ 15 を代入して、D ＝ 24

ちょっと補足

A × D ＝ 6 × 24 ＝ 144 も確認できるね。

よって、正解は肢 2 です。

正解②

パターン 11

　2 チームで綱引きをして、勝てば 2 点与えられ、負ければ 1 点減らされ、引き分けのときは 1 点加えられるとする。はじめに持ち点を 5 点とし、どちらかが 0 点となるときこの綱引きは終わることとする。ちょうど 12 回で綱引きが終了したとき、0 点になったチームは何回勝ったか。　　　　　国家Ⅲ種 1998

1. 1 回
2. 2 回
3. 3 回
4. 4 回
5. 5 回

---

　0 点になったチームの勝った回数を x 回、負けた回数を y 回とします。引き分けは 12 回のうちの残りですから、12 － x － y（回）と表せますね。
　12 回の勝負でこのチームは、持ち点の 5 点が 0 点になったわけですから、得点の合計は －5 点となり、次の方程式が成り立ちます。

$$2x - y + (12 - x - y) = -5$$

　これを整理して、$x - 2y = -17$ で、さらに、x について整理すると次のようになります。

$$x = 2y - 17$$

ワンポイントアドバイス
One Point Advice

　1 本の方程式で未知数（x,y）が 2 つあると、「不定方程式」といって解が無数に存在するんだよね。
　そこから整数である解（整数解）を探すのが、本問のポイント！整数解は「x ＝ ××」とか「y ＝ ××」の形にして、題意を満たす数を探していくんだ！

では、これを満たす整数 x , y を考えてみましょう。$x \geqq 0$ ですから、$2y \geqq 17$ より、$y \geqq 8.5$ がわかります。すなわち、y は 9 以上の整数ですね。

$y = 9$ のとき、$x = 18 - 17 = 1$ で、このときの引き分けの回数は、$12 - 1 - 9 = 2$ (回) です。

$y = 10$ のとき、$x = 20 - 17 = 3$ ですが、このときの引き分けの回数は、$12 - 3 - 10 = -1$ (回) で、これは不適となります。

そして、y がさらに大きくなると、x もまた大きくなることがわかり、これに伴って引き分けの回数はさらに小さくなりますので、これ以上の解は成立しません。

よって、$x = 1$, $y = 9$ のみ条件を満たし、勝ったのは 1 回とわかり、正解は肢 1 です。

ちょっと補足

確認するよ。1 勝で ＋2 点、9 敗で－9 点、2 分けで＋2 点で合計－5 点になるね。

正解 ① ✐

Exercise 13

10 円硬貨、100 円硬貨及び 500 円硬貨が合わせて 100 枚あり、その合計金額が 10,000 円であるとき、100 円硬貨の枚数として、正しいのはどれか。ただし、100 円硬貨の枚数は、10 円硬貨の枚数より少ない。　　東京都Ⅲ類 2004

1．2 枚
2．8 枚
3．14 枚
4．20 枚
5．26 枚

---

10 円硬貨を x 枚、100 円硬貨を y 枚とします。500 円硬貨は、$100 - x - y$ (枚) と表せますね。これによって、合計金額で方程式を立てましょう。次のようになります。

$$10x + 100y + 500(100 - x - y) = 10000$$

これを整理して、$49x + 40y = 4000$ で、さらに x について整理して次のようになりますね。

計算しよう！

両辺を 10 で割って、（ ）をはずして整理しよう！
$x + 10y + 5000 - 50x - 50y$
$= 1000$
$-49x - 40y = -4000$
$49x + 40y = 4000$

$$x = \frac{4000 - 40y}{49} = \frac{40(100 - y)}{49}$$

40 と 49 は約分できないからね！

x は整数ですから、分母の 49 は（$100 - y$）と約分されることになり、$100 - y$ は 49 の倍数になることがわかります。

そして、もちろん $y \geqq 0$ ですから、$100 - y$ は 100 以下になりますので、この範囲で 49 の倍数は、49，98 の 2 通りしかありませんね。では、確認してみましょう。

ここで選択肢を斬る！

求めるのは y の値だよね！ 選択肢の数値で、$100 - y$ が 49 の倍数になるのは、肢 1 の $y = 2$ しかないよね。

$100 - y = 49$ のとき、$y = 51$ ですから、これを $x = \frac{40(100 - y)}{49}$ に代入して、$x = 40$ となります。しかし、題意より $x > y$ ですから、この解は不適ですね。

問題文のただし書きを見落とさないでね！

$100 - y = 98$ のとき、$y = 2$ で、同様に代入して、$x = 40 \times 2 = 80$ となり、$x > y$ は OK です。そしてこのとき、500 円硬貨の枚数は、$100 - 80 - 2 = 18$（枚）となりますね。

よって、100 円硬貨の枚数は 2 枚とわかり、正解は肢 1 です。

正解 ①

ちょっと補足

10 円硬貨が 80 枚で 800 円、100 円硬貨が 2 枚で 200 円、500 円硬貨が 18 枚で 9,000 円で、計 10,000 円になるね。

MEMO

比と割合 ➡ 使いこなせ！

重要度

ガイダンス ✏

★比や割合の基本的な性質を理解して解く問題です。「整数」と同様に、数的推理
全体に通じる重要な要素ですので、使いこなせば時間短縮につながります。
★出題頻度はけっこう高いほうです。

パターン 12

　赤色，青色，黄色の棒が 1 本ずつ合計 3 本ある。これらの棒の長さについて次
のことが分かっているとき，3 本の棒の長さの和はいくらか。

📖 海上保安学校 (特別) 2016

　ア　赤色の棒の長さの 13 倍は、青色の棒の長さの 5 倍と等しい。
　イ　青色の棒の長さの $\frac{1}{7}$ 倍は、黄色の棒の長さの $\frac{1}{5}$ 倍と等しい。
　ウ　3 本の棒の長さは、いずれも 1 以上 100 未満の整数値である。

1. 171
2. 176
3. 181
4. 186
5. 191

　赤色，青色，黄色の棒の長さを、それぞれ x，y，z とします。

　まず、条件アから、x と y の比が次のようにわかります。

$$13x = 5y \quad \therefore x : y = 5 : 13 \quad \cdots ①$$

　同様に、条件イから、y と z の比がわかりますね。

ちょっと補足

「A：B＝C：D」は「AD＝
BC」と変形できるよね。その
逆も成り立つってことだよ！
次ページの「法則」を確認して
ね。

$$\frac{1}{7}y = \frac{1}{5}z$$

両辺に 35 を掛けて、$5y = 7z$

$$\therefore y:z = 7:5 \quad \cdots ②$$

①と②には y が共通していますので、次のように、比を合成します。

$$
\begin{array}{rcll}
x : y & = & 5:13 & \\
y : z & = & 7:5 & \\
\hline
x : y : z & = & 35:91:65 &
\end{array}
$$

これより、$x:y:z = 35:91:65$ となり、この比はこれ以上簡単にはなりませんので、<u>x は 35 の倍数、y は 91 の倍数、z は 65 の倍数となります</u>。

そうすると、条件ウより、1 以上 100 未満の整数で、91 の倍数は 91 のみ（65 も同様）ですから、条件を満たす整数は、$x = 35$，$y = 91$，$z = 65$ に決まります。

よって、3 本の棒の長さの和は、35 + 91 + 65 = 191 となり、正解は肢 5 です。

正解 ⑤

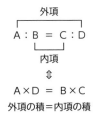

A，B，Cは、3人合わせて345万円の所持金を持っている。Aは12%、Bは10%、Cは8%の年利率で全所持金を銀行に預けたところ、1年後に、Aの利息とBの利息とCの利息の比は、3：2：1となった。このとき、A，B，Cが受け取った利息の合計はいくらか。

ただし、利息に係る税金は無視するものとする。　　　　　　　📖国家一般職 2021

1．30万円
2．32万円
3．34万円
4．36万円
5．38万円

A，B，Cが預けた所持金を、それぞれ a，b，c とすると、1年後に受け取った利息の比について、次のような式が立ちます。

$$0.12a : 0.1b : 0.08c = 3 : 2 : 1$$

左辺は50を掛けて、「$6a : 5b : 4c$」とし、a と b の比、b と c の比を次のように求めます。

ちょっと補足

比なんだから、それぞれに同じ数を掛けても比の値は変わらないので、はじめからこの式でOKだよ！

$6a : 5b = 3 : 2$
　　外項の積＝内項の積より、$12a = 15b$
　　∴ $a : b = 15 : 12 = 5 : 4$ …①
$5b : 4c = 2 : 1$
　　同様に、$5b = 8c$
　　∴ $b : c = 8 : 5$ …②

①と②には b が共通していますので、次のように比を合成します。

$$
\begin{array}{lll}
a : b & = & 5 : 4 \\
 b : c & = & 8 : 5 \\
\hline
a : b : c & = & 10 : 8 : 5
\end{array}
$$

これより、Aの所持金：Bの所持金：Cの所持金：3人の合計＝ 10：8：5：23 となり、3人の所持金はそれぞれ次のようになります。

ちょっと補足

10 ＋ 8 ＋ 5 ＝ 23 だからね。

Aの所持金 ＝ $345 \times \dfrac{10}{23} = 150$（万円）

Bの所持金 ＝ $345 \times \dfrac{8}{23} = 120$（万円）

Cの所持金 ＝ $345 \times \dfrac{5}{23} = 75$（万円）

ここから、3人が受け取った利息はそれぞれ次のようになります。

Aの利息 ＝ $150 \times 0.12 = 18$（万円）
Bの利息 ＝ $120 \times 0.1 = 12$（万円）
Cの利息 ＝ $75 \times 0.08 = 6$（万円）

よって、3人が受け取った利息の合計は、18 ＋ 12 ＋ 6 ＝ 36（万円）となり、正解は肢4です。

正解 ④

　ある企業はAとBの2部門から構成されており、企業全体の売上げは、2部門の売上げの合計である。A部門の商品 a は、企業全体の売上げの40％を占め、A部門の売上げの60％を占めている。また、B部門の商品 b は、企業全体の売上げの20％を占めている。このとき、商品 b はB部門の売上げの何％を占めているか。

国家一般職 2018

1．30％
2．40％
3．50％
4．60％
5．70％

　A，B部門の売上をそのままA，B、商品 a，b の売上も a，b として、条件を式に表すと、次のようになります。

$$a = 0.4(A+B) = 0.6A \quad \cdots ①$$
$$b = 0.2(A+B) \qquad\quad \cdots ②$$

　①の「$0.4(A+B) = 0.6A$」より、A＝2Bがわかり、これを②に代入すると、次のようになります。

$$b = 0.2(2B+B)$$

　これより、$b = 0.6B$ が得られ、商品 b の売上はB部門の60％を占めるとわかります。
　よって、正解は肢4です。

正解 ④

計算しよう！

両辺を10倍して、
$4(A+B) = 6A$
$4A+4B = 6A$
$-2A = -4B$
$\therefore A = 2B$

計算しよう！

$b = 0.2 \times 3B = 0.6B$

男女合わせて 70 名のサークルで、一番好きな季節についてアンケート調査を行ったところ、「秋」と回答した者は 48 名で、そのうち $\frac{2}{3}$ が女子であり、女子全体の $\frac{4}{5}$ を占めていた。このとき、このサークル全体に占める男子の割合はいくらか。

🏛 国家一般職 2019

1. $\frac{1}{5}$

2. $\frac{1}{3}$

3. $\frac{3}{7}$

4. $\frac{2}{3}$

5. $\frac{4}{5}$

　まず、「秋」と回答した 48 名のうち、$\frac{2}{3}$ が女子ですから、その人数は、$48 \times \frac{2}{3} = 32$（名）となります。そして、これが女子全体の $\frac{4}{5}$ を占めるので、女子の人数は、$32 \div \frac{4}{5} = 32 \times \frac{5}{4} = 40$（名）とわかり、男子の人数は $70 - 40 = 30$（名）となります。

　よって、男子の割合は $\frac{30}{70} = \frac{3}{7}$ となり、正解は肢3です。

正解 ③

 ちょっと補足

女子全体 $\times \frac{4}{5} = 32$ より、女子全体 $= 32 \div \frac{4}{5}$ だね。
分数で割るときは、逆数にして掛けるんだよ！

E x e r c i s e 16

ある映画の前売り券又は当日券を購入して鑑賞した客の全員に対して、映画の内容に「満足した」又は「満足しなかった」の二者択一によるアンケート調査が行われ、全員から回答が得られた。次のことが分かっているとき、当日券を購入してこの映画を鑑賞した客のうち、「満足した」と回答した客が占める割合はおよそいくらか。

ただし、前売り券と当日券の両方を購入した客はいなかったものとする。

📖 入国警備官等 2016

ア 「満足した」と回答した客の人数と「満足しなかった」と回答した客の人数は等しかった。
イ アンケートに回答した客の 40％が前売り券を購入していた。
ウ 「満足しなかった」と回答した客の 80％が当日券を購入していた。

1. 33％
2. 50％
3. 67％
4. 75％
5. 80％

条件アより、「満足した」「満足しなかった」と回答した客の人数をそれぞれ x 人とすると、アンケートに答えた人数の合計は $2x$ 人となります。

そうすると、条件イより、前売り券を購入した客は、$2x \times 0.4 = 0.8x$（人）で、当日券を購入した客は、$2x - 0.8x = 1.2x$（人）となります。

また、条件ウより、「満足しなかった」の x 人のうち、当日券を購入した客は $0.8x$ 人で、残り $0.2x$ 人が前売り券を購入していたとわかり、ここまでを、表1のように整理します。

表1

	前売り券	当日券	計
満足した			x
満足しなかった	$0.2x$	$0.8x$	x
計	$0.8x$	$1.2x$	$2x$

48

表1より、「満足した」と回答した客のうち、前売り券を購入した客は、$0.8x - 0.2x = 0.6x$（人）、当日券を購入した客は、$0.4x$ 人とわかり、これを記入して表2を得ます。

表2

	前売り券	当日券	計
満足した	$0.6x$	$0.4x$	x
満足しなかった	$0.2x$	$0.8x$	x
計	$0.8x$	$1.2x$	$2x$

　これより、当日券を購入した客のうち、「満足した」と「満足しなかった」の比は、$0.4x : 0.8x = 1 : 2$ となり、「満足した」の占める割合は、$\dfrac{1}{3} \fallingdotseq 33\%$ で、正解は肢1です。

正解

　AとBの所持金の比は7：9である。いまBが所持金の3分の1をAに渡し、次にAが所持金の7分の1をBに渡したところ、AはBよりも3,200円多く所持することになるという。AとBが最初に所持していた金額の組合せはどれか。

警視庁Ⅲ類 2005

1．19,250円　　24,750円
2．19,600円　　25,200円
3．19,950円　　25,650円
4．20,300円　　26,100円
5．21,000円　　27,000円

【解法1】

　最初にAとBが所持していた金額を、それぞれ $7x$ 円、$9x$ 円とします。Bの所持金の3分の1は、$9x \times \frac{1}{3} = 3x$（円）ですから、これをAに渡して、AとBの所持金はそれぞれ $10x$ 円、$6x$ 円となります。

　さらに、Aはその7分の1をBに渡して、2人の所持金の差で次のような方程式が成り立ちます。

$$10x \times \frac{6}{7} - \left(6x + 10x \times \frac{1}{7} \right) = 3200$$

計算しよう！

両辺に7を掛けて整理して、
$60x - 42x - 10x = 22400$
$8x = 22400$
∴ $x = 2800$

　これを解いて、$x = 2,800$ となりますので、最初のAとBの所持金は次のように求められますね。

　　　A　$2800 \times 7 = 19600$（円）
　　　B　$2800 \times 9 = 25200$（円）

　よって、正解は肢2です。

【解法2】

　選択肢の数値から、題意のとおりに金額の変化を見てみましょう。

　肢1の場合、Bが、$24750 \times \frac{1}{3} = 8250$（円）をAに渡して、Aの所持金は $19250 + 8250 = 27500$（円）となりますが、これは7では割り切れませんの

で、7分の1をBに渡すことはできません。

肢2の場合、同様にBは、$25200 \times \frac{1}{3} = 8400$（円）をAに渡して、Aの所持金は$19600 + 8400 = 28000$（円）となり、$28000 \times \frac{1}{7} = 4000$（円）をBに渡して、AとBの所持金はそれぞれ、$28000 - 4000 = 24000$（円）、$25200 - 8400 + 4000 = 20800$（円）となり、その差は3,200円ですから、条件を満たします。

肢3〜5について、同様にBの所持金の$\frac{1}{3}$はそれぞれ、8,550円、8,700円、9,000円で、これをAに渡すとAの所持金はそれぞれ、28,500円、29,000円、30,000円となり、いずれも7で割り切れませんね。

正解②

ワンポイントアドバイス
One Point Advice

本問のように、求めるものがはじめの数値で具体性のあるときは、選択肢を仮定して解けることもよくあるよ。方程式とどっちが速く解けそうか、考えて解いてね！

ちょっと補足

ちなみに本問の選択肢はいずれも、A：B＝7：9は満たしてるね。問題によっては、ここから消去できることもあるから、カンタンな計算で済むときは要チェック！

　先月の兄と弟の収入の比は 5：4 、支出の比は 7：5 、そして、残金は兄が 7 万円、弟が 8 万円であった。このとき、兄弟の先月の収入の合計として正しいものはどれか。　　　　　　　　　　　　　　 🏛 裁判所職員一般職 2022

1．27 万円
2．36 万円
3．45 万円
4．54 万円
5．63 万円

　先月の兄と弟の、収入をそれぞれ $5x$ 万円、$4x$ 万円とし、支出をそれぞれ $7y$ 万円、$5y$ 万円とすると、残金について次のような方程式が立ちます。

$$5x - 7y = 7 \quad \cdots ①$$
$$4x - 5y = 8 \quad \cdots ②$$

　これを解いて、$x = 7$，$y = 4$ が得られ、先月の収入は、兄が $5 \times 7 = 35$（万円）、弟が $4 \times 7 = 28$（万円）で、合計 $35 + 28 = 63$（万円）となります。
　よって、正解は肢 5 です。

正解 ⑤

計算しよう!

①×4 − ②×5 より、
$$\begin{array}{r} 20x - 28y = 28 \\ -\underline{)\ 20x - 25y = 40} \\ -3y = -12 \end{array}$$
$$\therefore y = 4$$
$y = 4$ を①に代入して、
$$5x - 7 \times 4 = 7$$
$$5x = 35 \quad \therefore x = 7$$

　ある人が甲，乙二つの商品を合計 20,000 円で仕入れ、どちらも仕入価格に対し 3 割の利益を見込んで定価をつけた。ところが買い手がなかったため甲は定価の 2 割引き、乙は定価の 2 割 5 分引きで売ったところ、合計 280 円の利益となった。甲乙両商品の仕入価格の差はいくらか。　　　　　🚹 入国警備官等 2012

1．1,000 円
2．2,000 円
3．3,000 円
4．4,000 円
5．5,000 円

　甲，乙の仕入価格をそれぞれ x 円、y 円とすると、まず、仕入価格の合計から、次のような方程式が成り立ちます。

$$x + y = 20000 \quad \cdots ①$$

　甲，乙ともに 3 割の利益を見込んで付けた定価は、$1.3x$ 円、$1.3y$ 円と表せます。そうすると、甲を 2 割引き、乙を 2 割 5 分引きにした売値は、それぞれ次のように表せますね。

甲　$1.3x \times (1 - 0.2) = 1.04x$（円）
乙　$1.3y \times (1 - 0.25) = 0.975y$（円）

　売上は、仕入価格＋利益ですから、20000 ＋ 280 ＝ 20280（円）となりますので、ここから、次のような方程式が成り立ちます。

$$1.04x + 0.975y = 20280 \quad \cdots ②$$

　①，②を連立させて解いて、$x = 12000$，$y = 8000$ が得られ、甲，乙の仕入価格はそれぞれ 12,000 円、8,000 円とわかります。
　よって、その差は $12000 - 8000 = 4000$（円）で、正解は肢 4 です。

正解 ④

公 式

割合

x 割 $= \dfrac{x}{10}$

x ％ $= \dfrac{x}{100}$

原価の x 割増し
$\Rightarrow$ 原価 $\times \left(1 + \dfrac{x}{10}\right)$

定価の x 割引き
$\Rightarrow$ 定価 $\times \left(1 - \dfrac{x}{10}\right)$

計算しよう！

①×1040－②×1000 より、
$\quad 1040x + 1040y = 20800000$
$\underline{-)\, 1040x + 975y = 20280000}$
$\qquad\qquad\quad 65y = 520000$
$\qquad\qquad \therefore y = 8000$
①に $y = 8000$ を代入して、
$x = 12000$

E x e r c i s e 18

　ケーキ 100 個を、仕入価格の 2 割増しとした販売価格で売っていたところ、一部が閉店間際まで売れ残っていたため、当初の販売価格から 2 割引にして残りの全てを売り切った。最終的な利益がケーキ 100 個の仕入価格の 15.2％であったとき、当初の販売価格から 2 割引にして売った個数として、正しいのはどれか。

　ただし、消費税及び経費は考慮しない。　　　　　　　　　■東京都Ⅲ類 2017

1．20 個
2．22 個
3．24 個
4．26 個
5．28 個

　ケーキ 1 個の仕入価格を x 円とすると、販売価格は $1.2x$ 円、2 割引での売値は、$\underline{1.2x \times 0.8 = 0.96x}$（円）と表せます。

> 2 割引は $1 - 0.2 = 0.8$（倍）だね。

　これより、2 割引で売った個数を y 個とすると、割引前の販売価格で売れた個数は $100 - y$（個）ですから、それぞれの売上額は次のように表せます。

　　販売価格での売上　$1.2x(100 - y)$ 円
　　2 割引での売上　　$0.96xy$ 円

　また、100 個の仕入価格は $100x$ 円で、利益はその 0.152 倍ですから、$100x \times 0.152 = 15.2x$（円）となります。そうすると、売上総額は $115.2x$ 円と表せ、ここから次のような方程式が立ちます。

$$1.2x(100 - y) + 0.96xy = 115.2x$$

　これを解いて、$y = 20$ が得られ、2 割引で売った個数は 20 個とわかります。

> **計算しよう！**
>
>
>
> $x \neq 0$ より、両辺を x で割って、
> $1.2(100 - y) + 0.96y = 115.2$
> 両辺に 100 を掛けて、
> $120(100 - y) + 96y = 11520$
> $12000 - 120y + 96y = 11520$
> $-24y = -480$ $\quad \therefore y = 20$

【別解】

　上の方程式で、ケーキ 1 個の仕入価格を x 円としましたが、結局、x は計算の過程で消えました。すなわち、その価格はわからないままなのですが、本問の

条件には、個数については「100 個」という具体的な数値がありましたが、金額についてはまったく示されていません。ですから、この条件から価格が求められるわけはないのです。つまり、仕入価格はいくらでも同じってことですね。そうすると、あえて「x 円」としなくても、たとえば、「100 円」と仮定して計算してみるという方法もあります。やってみましょう。

ケーキ 1 個の仕入価格を 100 円とすると、販売価格は、100 × 1.2 = 120（円）、2 割引の価格は 120 × 0.8 = 96（円）ですね。100 個の仕入価格は 10,000 円ですから、利益は 10000 × 0.152 = 1520（円）で、売上総額は 11,520 円となります。

これより、2 割引で売った個数を、同じように y 個として、次のような方程式が立ちます。

$$120(100 - y) + 96y = 11520$$

よって、正解は肢 1 です。

── この式は、はじめに立てた式を x で割って 100 倍した式と同じでしょ！

正解①

パターン 16

濃度 24％の食塩水 50 g が入った容器がある。この容器の中に別の容器に入った食塩水を加えたところ、濃度 12％の食塩水 150 g ができた。加えた食塩水の濃度は何％か。 　国家Ⅲ種 2005

1. 5％
2. 6％
3. 7％
4. 8％
5. 9％

【解法 1】

加えた食塩水の量は 150 − 50 = 100（g）ですから、求める濃度を x ％とすると、食塩の量について次の方程式が成り立ちます。

濃度の公式

$$濃度（\%）= \frac{食塩の量}{食塩水の量} \times 100$$

食塩の量＝食塩水の量×濃度

$$50 \times \frac{24}{100} + 100 \times \frac{x}{100} = 150 \times \frac{12}{100}$$

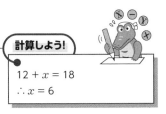

計算しよう!

$12 + x = 18$

$\therefore x = 6$

これを解いて、$x = 6$ が得られ、正解は肢 2 です。

【解法 2】

求める濃度を x %として、図 1 のような「てんびん図」を使います。てんびんの横棒の部分（「うで」といいます）は、数直線をイメージしてください。この両端に混ぜ合わせる 2 種類の食塩水の濃度を置き、その量をおもりの部分に置きます。

図 1

左と右のバランスをとるところだからね。

ここで、てんびんが釣り合う支点の位置に、混ぜ合わせてできる食塩水の濃度である 12％を置きます。

てんびんの原理より、支点からのうでの長さとおもりの重さを掛け合わせた値が、左と右で一致したところで釣り合うわけですから、左右のうでの長さの比とおもりの重さの比が逆比になるところで釣り合います。

よって、図 2 のうでの長さの比は、左：右＝ 50：100 ＝ 1：2 となり、左の長さは 6 ですから、$x = 12 - 6$ ＝ 6（％）とわかります。

法 則

てんびん図

図において、

$pm = qn \Leftrightarrow p : q = n : m$

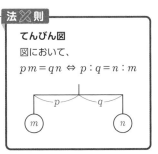

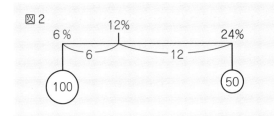

図 2

ワンポイントアドバイス
One Point Advice

このように、2 種類の食塩水を混ぜ合わせるときは、てんびん図が有効に使えることが多いよ。

正解 ②

Ｅｘｅｒｃｉｓｅ 19

濃度 15% の砂糖水に、水を加えて濃度 9% の砂糖水にした。次に、この濃度 9% の砂糖水に濃度 12% の砂糖水を 200g 加えたところ、濃度 10% の砂糖水になった。水を加える前の濃度 15% の砂糖水の量はどれか。 🔷特別区Ⅲ類 2020

1. 180g
2. 210g
3. 240g
4. 270g
5. 300g

【解法 1】

初めの操作でできた 9% の砂糖水の量を xg とすると、これに 12% の砂糖水 200g を加えてできた 10% の砂糖水の量は、$x + 200$（g）と表せます。

これより、砂糖水に含まれる砂糖の量について、次のような方程式が立ちます。

計算しよう！

両辺に 100 を掛けて、
$9x + 2400 = 10(x + 200)$
$9x + 2400 = 10x + 2000$
$-x = -400$　∴ $x = 400$

$$\frac{9}{100}x + 200 \times \frac{12}{100} = \frac{10}{100}(x + 200)$$

これを解いて、$x = 400$ が得られ、はじめの操作でできた 9% の砂糖水の量は 400g となります。

これより、はじめの操作において、水を加える前の 15% の砂糖水の量を yg とすると、<u>水を加える前と後の砂糖水に含まれる砂糖の量</u>について、次のような方程式が立ちます。

水を加えても、砂糖の量は変化しないからね！

$$\frac{15}{100}y = 400 \times \frac{9}{100}$$

計算しよう！

両辺に 100 を掛けて、
$15y = 3600$
∴ $y = 240$

これを解いて、$y = 240$ が得られ、正解は肢 3 です。

【解法 2】

「解法 1」と同様に、まず、はじめの操作でできた 9% の砂糖水に 12% の砂糖水を混ぜ合わせる操作をてんびん図に表すと、図 1 のようになります。

支点の位置は10％ですから、図のように、左右の
うでの長さの比は1：2となり、おもりの重さの比は
2：1とわかります。

　これより、9％の砂糖水の量は、200 × 2 = 400
（g）となりますね。

図1

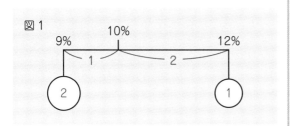

　ここで、はじめの操作について、15％の砂糖水と
水の混ぜ合わせをてんびん図に表すと、図2のように
なり、左右のうでの長さの比は9：6 = 3：2ですから、おもりの重さの比は2：3とわかります。

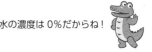
水の濃度は0％だからね！

図2

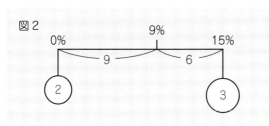

　この操作でできた9％の砂糖水の量は400gなの
で、これを2：3に分けると、水は160g、15％の
砂糖水は240gとわかります。

正解 ③

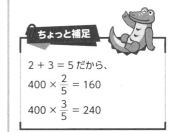
ちょっと補足

2 + 3 = 5だから、

$400 \times \dfrac{2}{5} = 160$

$400 \times \dfrac{3}{5} = 240$

Exercise 20

濃度 6% の食塩水と濃度 10% の食塩水とを濃度 4% の食塩水 200 g に加え、混ぜ合わせて濃度 8% の食塩水 1,600 g を作ったとき、加えた濃度 10% の食塩水の量として、正しいのはどれか。

東京都Ⅲ類 2016

1. 700 g
2. 750 g
3. 800 g
4. 850 g
5. 900 g

【解法 1】

6% の食塩水の量を x g、10% の食塩水の量を y g とすると、これと 4% の食塩水 200 g を混ぜ合わせた食塩水の量について、次のような方程式が成り立ちます。

$$x + y + 200 = 1600$$
$$\therefore x + y = 1400 \quad \cdots ①$$

さらに、食塩の量について、次のような方程式が成り立ちます。

$$\frac{6}{100}x + \frac{10}{100}y + \frac{4}{100} \times 200 = \frac{8}{100} \times 1600$$
$$\therefore 3x + 5y = 6000 \quad \cdots ②$$

①、②を解いて、$x = 500$, $y = 900$ が得られ、10% の食塩水の量は 900 g とわかり、正解は肢 5 です。

計算しよう！

両辺に 100 を掛けて整理して、
$6x + 10y + 800 = 12800$
$6x + 10y = 12000$
両辺を 2 で割って、
$3x + 5y = 6000$

【解法 2】

6% の食塩水と 10% の食塩水を先に混ぜ合わせたとして、ここでできた食塩水の濃度を a % とします。

そうすると、a % の食塩水 1,400 g と 4% の食塩水 200 g を混ぜ合わせて 8% の食塩水が 1,600 g できたことになりますので、図 1 のてんびん図が成り立ち

計算しよう！

①× 5 −②より、
$$
\begin{array}{r}
5x + 5y = 7000 \\
-)\ 3x + 5y = 6000 \\
\hline
2x = 1000
\end{array}
$$
$$\therefore x = 500$$
①に $x = 500$ を代入して、
$y = 900$

ます。食塩水の量の比は 200 : 1400 = 1 : 7 ですから、左右のうでの長さの比は 7 : 1 になりますね。

図1

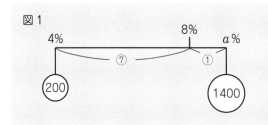

左のうでの長さは 8 − 4 = 4 ですから、右のうでの長さは、$4 \times \dfrac{1}{7} = \dfrac{4}{7}$ で、$a = 8 + \dfrac{4}{7} = \dfrac{60}{7}$ となります。

これより、6％の食塩水と 10％の食塩水を混ぜ合わせて $\dfrac{60}{7}$％の食塩水ができたことがわかり、ここで、図2のようなてんびん図が成り立ちます。左のうでの長さは、$\dfrac{60}{7} − 6 = \dfrac{18}{7}$ で、右のうでの長さは、$10 − \dfrac{60}{7} = \dfrac{10}{7}$ ですから、その比は 18 : 10 = 9 : 5 となりますね。

ちょっと、ヤな数字だけどがんばろう！

図2

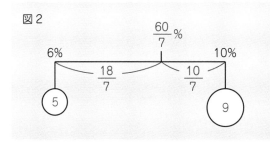

これより、左右の食塩水の量の比は 5 : 9 となり、1,400g を 5 : 9 に分けて、500g と 900g とわかります。

正解 ⑤

MEMO

深呼吸

SECTION 05 集合算 ➡ 図表を使え！

重要度

ガイダンス ✎

★ある集団をいくつかの項目で分ける問題で、ベン図など図表が有効に使えるものが多いです。

★東京都ではほぼ毎年、その他の試験でも割とよく出題されています。

パターン 17

　ある学校の生徒 150 人について、スマートフォン，パソコン及びデジタルカメラの 3 種類の機器の所有状況を調べたところ、次のことが分かった。

A　スマートフォンを所有している生徒は 75 人、パソコンを所有している生徒は 34 人、デジタルカメラを所有している生徒は 72 人であった。

B　スマートフォンとデジタルカメラの両方の機器を所有している生徒は 33 人、パソコンとデジタルカメラの両方の機器を所有している生徒は 22 人であった。

C　スマートフォン，パソコン及びデジタルカメラの 3 種類の機器を全て所有している生徒は 13 人であった。

D　スマートフォン，パソコン及びデジタルカメラの 3 種類の機器のいずれも所有していない生徒は 24 人であった。

　以上から判断して、スマートフォン，パソコン及びデジタルカメラの 3 種類の機器のうち、いずれか 1 種類の機器だけを所有している生徒の人数の合計として、正しいのはどれか。　　　　　　　　　　　　　　　　　　　出典 東京都Ⅲ類 2019

1．81 人
2．82 人
3．83 人
4．84 人
5．85 人

3種類それぞれの機器を所有している生徒の集合を図1のようなベン図に表します。条件A，C，Dは図のように記入して、残る領域は $a \sim f$ とします。

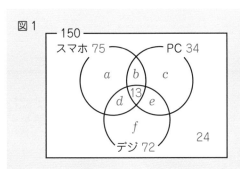

図1

　条件Bより、$d + 13 = 33$、$e + 13 = 22$ ですから、$d = 20$，$e = 9$ となります。そうすると、デジカメの集合から、$20 + 13 + 9 + f = 72$ より、$f = 30$ とわかりますね（図2）。

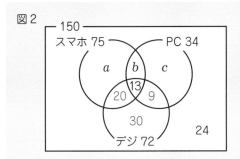

図2

　残る $a \sim c$ については、次のように求めます。

スマホの集合の合計より、
　$a + b = 75 - (20 + 13) = 42$ …①
PCの集合の合計より、
　$b + c = 34 - (13 + 9) = 12$ …②
全体の合計より、
　$a + b + c = 150 - (72 + 24) = 54$ …③

これを解いて、$a = 42$，$b = 0$，$c = 12$ が得られ、

ちょっと補足

③は、全体150からデジカメの合計72とどれも持ってない24を引いたんだよ。

計算しよう！

③に①を代入して、$c = 12$
②に $c = 12$ を代入して、$b = 0$
①に $b = 0$ を代入して、$a = 42$

1種類だけ所有している a , c , f の合計は、42 +
12 + 30 = 84（人）で、正解は肢 4 です。

正解 **4**

　　男子 35 人、女子 45 人にアンケートをとったところ、以下のアからオのことが
わかった。英語が得意で数学が得意でない男子の人数として、最も妥当なのはど
れか。 ⏵東京消防庁Ⅱ類 2012

　　ア　英語が得意な人は、英語が得意でない人より 20 人少ない。
　　イ　数学が得意な男子は 22 人、数学が得意な女子は 27 人いる。
　　ウ　数学が得意でない女子のうち、英語が得意な人数と英語が得意でない人数
　　　　の比は 1：2 である。
　　エ　英語も数学も得意な女子は 13 人いる。
　　オ　数学が得意で英語が得意でない男子は 13 人いる。

1．1 人
2．2 人
3．3 人
4．4 人
5．5 人

　英語が得意な人、数学が得意な人、及び、男子でベ
ン図を描いて、条件を整理します。
　男子 35 人、女子 45 人で、全体では 80 人の集合
ですから、条件アより、英語が得意な人は 30 人とわ
かります。また、条件イより、数学が得意な人は、
22 + 27 = 49（人）ですね。これらと、条件エ，オ
を図に記入して、残る領域を、図 1 のように、$a \sim f$
とします。

ちょっと補足

和は 80 、差は 20 で、和差算
（36 ページ）より、
（80 − 20）÷ 2 = 30（人）
得意な人を x 人として、
$x +（x + 20）= 80$ を解いて、
$2x = 60$ ∴ $x = 30$
と求めても OK ！

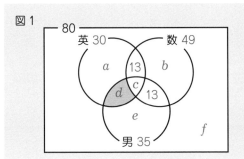

図1

求めるのは d だね。
チェックしておこう！

条件イより、$c + 13 = 22$，$b + 13 = 27$ ですか
ら、$c = 9$，$b = 14$ となります。
　ここで、女子の集合について見ると、

女子は45人！

$$a + 13 + 14 + f = 45 \quad \therefore a + f = 18$$

となり、条件ウより、$a : f = 1 : 2$ ですから、$a =$
6，$f = 12$ とわかり、ここまでを記入して、図2を
得ます。

$18 \times \dfrac{1}{1+2} = 6$

$18 \times \dfrac{2}{1+2} = 12$

図2

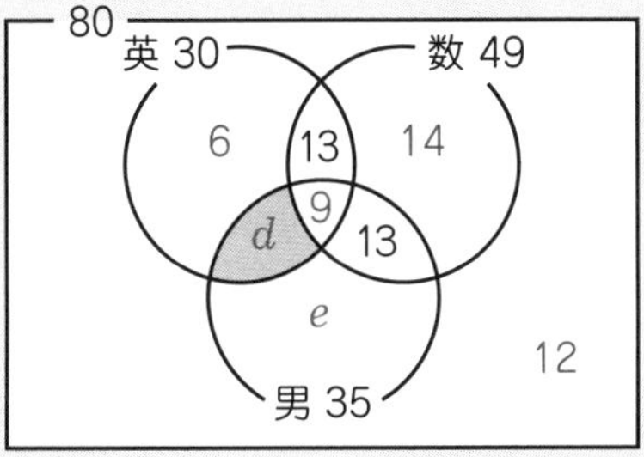

図2より、残る d と e は次のように求められますね。

$$d = 30 - (6 + 13 + 9) = 2$$
$$e = 35 - (2 + 9 + 13) = 11$$

　よって、求める d は2人とわかり、正解は肢2で
す。

正解 ②

ある大学の4年生100人について、英語，ドイツ語又はフランス語を話すことができるかどうかを調査したところ、次のA～Eのことがわかった。このとき、英語，ドイツ語及びフランス語のすべてを話すことができる学生は何人か。

出典 警視庁Ⅲ類 2005

A　英語を話すことができる者は74人いる。

B　ドイツ語を話すことができる者は52人いる。

C　フランス語を話すことができる者のすべてが英語を話すことができる。

D　フランス語を話すことはできないが、英語及びドイツ語をともに話すことができる者は18人いる。

E　英語，ドイツ語又はフランス語のいずれも話すことができない者は6人いる。

1．6人
2．8人
3．10人
4．12人
5．14人

条件Cより、次のようなベン図を描きます。他の4つの条件も図中に記入できますね。残る領域はa～dとしましょう。

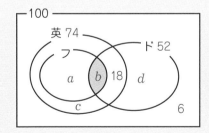

ちょっと補足

条件Cのような場合のベン図の描き方は、判断推理の「論理」で勉強するね。フランス語とドイツ語もきちんと交わらせるのを忘れずに！
求めるのはbだね。チェックしよう！

図より、英語を話せる74人とドイツ語のみ話せる人（d）といずれも話せない6人で、全体の100人になりますので、

$$d = 100 - (74 + 6) = 20$$

となり、ドイツ語を話せる人の合計より、

$$b = 52 - (18 + 20) = 14$$

とわかり、正解は肢5です。

　残る a と c については、$a + c = 74 - (14 + 18) = 42$ となりますが、それぞれ何人かはわかりませんね。

正解 ⑤

　あるコンビニエンスストアの客 100 人について、弁当，飲料，菓子の 3 種類の商品の購入状況を調べたところ、次のことが分かった。

　ア　弁当を購入した客の人数は 54 人であり、このうち飲料も購入した客の人数は 22 人であった。
　イ　飲料を購入した客の人数は 48 人であり、このうち菓子も購入した客の人数は 17 人であった。
　ウ　菓子を購入した客の人数は 44 人であり、このうち弁当も購入した客の人数は 21 人であった。
　エ　3 種類の商品のいずれも購入しなかった客の人数は、5 人であった。

　以上から判断して、いずれか 1 種類の商品のみを購入した客の人数として、正しいのはどれか。　　　　　　　　　　　　　出典▶東京都Ⅲ類 2022

1．53 人
2．54 人
3．55 人
4．56 人
5．57 人

　本問も、とりあえず、次のようにベン図を描きますが、すぐに記入できるのは、条件エだけですので、残る領域を $a \sim g$ とします。

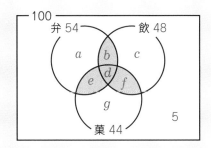

　ここで、条件ア～ウ、及び全体の合計より、次のような式が立ちます。

$$
\begin{array}{ll}
\text{ア} & a+b+d+e=54 \quad \cdots ① \qquad b+d=22 \quad \cdots ② \\
\text{イ} & b+c+d+f=48 \quad \cdots ③ \qquad d+f=17 \quad \cdots ④ \\
\text{ウ} & d+e+f+g=44 \quad \cdots ⑤ \qquad d+e=21 \quad \cdots ⑥ \\
\text{合計} & a+b+c+d+e+f+g+5=100 \quad \cdots ⑦
\end{array}
$$

これより、①＋③＋⑤、②＋④＋⑥、⑦のそれぞれについて、次のように整理します。

$$
\begin{aligned}
①+③+⑤ \quad & a+c+g+2b+2e+2f+3d \\
& = 54+48+44 \\
& (a+c+g)+2(b+e+f)+ \\
& 3d=146 \quad \cdots ⑧ \\
②+④+⑥ \quad & b+f+e+3d=22+17+21 \\
& (b+f+e)+3d=60 \quad \cdots ⑨ \\
⑦ \qquad & (a+c+g)+(b+e+f)+d \\
& = 95 \quad \cdots ⑩
\end{aligned}
$$

ここで、1種類のみ購入した（$a+c+g$）をX、2種類のみ購入した（$b+e+f$）をY、3種類すべてを購入したdをZとして、⑧～⑩に代入すると、次のようになります。

$$
\begin{aligned}
⑧に代入 \quad & X+2Y+3Z=146 \quad \cdots ⑧' \\
⑨に代入 \quad & Y+3Z=60 \quad \cdots ⑨' \\
⑩に代入 \quad & X+Y+Z=95 \quad \cdots ⑩'
\end{aligned}
$$

すなわち、⑧′は、図のベン図が1枚のところは1回、2枚重なっているところは2回、3枚重なっているところは3回カウントすると、3枚のベン図の合計になることを意味するわけですね。

では、これを解いて、X＝53，Y＝33，Z＝9が得られ、1種類のみ購入したのは53人で、正解は肢1です。

正解 ①

ワンポイントアドバイス
One Point Advice

実際には、こんな面倒な式を立てる必要はないので、とりあえず、図を見ながら意味を理解して！

計算しよう！

⑨′を⑧′に代入して、
X＋Y＋60＝146
X＋Y＝86 …⑧″
⑧″を⑩′に代入して、
86＋Z＝95 ∴Z＝9
Z＝9を⑨′に代入して、
Y＋3×9＝60 ∴Y＝33
Y＝33を⑧″に代入して、
X＋33＝86 ∴X＝53

ワンポイントアドバイス
One Point Advice

本問は、「1種類のみ」「2種類のみ」「3種類全部」の3グループに分けて考える特殊なタイプ！
意味がわかれば、はじめから⑧′～⑩′の式を立てられるよね。

ちょっと補足

⑩′は1種類以上購入した人の合計だよね。
実際に解くときは、はじめからこの式を立てるようにしよう！

　ある高校の天文部に所属する生徒について、次のことが分かっているとき、天文部に所属する生徒は何人か。

　ただし、天文部に所属する生徒は、文系又は理系のいずれか一つのコースに所属しており、また、音楽又は美術のいずれか一つの選択科目を履修している。

入国警備官等 2017

　ア　文系の生徒が 21 人いる。
　イ　音楽を履修している男子生徒が 11 人、美術を履修している男子生徒が 6 人いる。
　ウ　文系の男子生徒が 8 人、理系の女子生徒が 6 人いる。

1．32 人
2．34 人
3．36 人
4．38 人
5．40 人

　条件より、音楽または美術のいずれか 1 つを選択しているわけですから、条件イより、男子の人数は、11 ＋ 6 ＝ 17（人）とわかります。

　また、条件ア、ウより、文系の生徒 21 人のうち、男子が 8 人ですから、文系の女子は 21 － 8 ＝ 13（人）となり、理系の女子 6 人と合わせて、女子の人数は、13 ＋ 6 ＝ 19（人）とわかります。

　これより、男女合わせて、17 ＋ 19 ＝ 36（人）で、正解は肢 3 です。

正解 ③

ワンポイントアドバイス
One Point Advice

文系（または理系）、音楽（または美術）、男子（または女子）でベン図を描くこともできるけど、条件が少ないのでやりにくいよね。

こういうシンプルな条件は、普通の文章問題を解くように考えたほうがいいかも。

ある高校では、生徒が第二外国語の履修科目としてフランス語又はドイツ語の
いずれかを選択している。この高校の1年生と2年生について次のことが分かっ
ているとき、確実にいえるのはどれか。　　　　　　　　　国家一般職 2018

ア　この高校の1年生と2年生は、合わせて400人である。
イ　1年生の男子は、100人である。
ウ　2年生の男子は、90人である。
エ　ドイツ語を選択している男子と女子は、同数である。
オ　フランス語を選択している男子は、2年生の女子と同数である。
カ　フランス語を選択している女子は、90人である。

1．1年生の女子は、90人である。
2．2年生の女子は、80人である。
3．フランス語を選択している男子は、70人である。
4．ドイツ語を選択している男子は、100人である。
5．ドイツ語を選択している女子は、110人である。

　条件ア～ウより、1，2年生の男子は 100 ＋ 90 ＝
190（人）ですから、女子は 400 － 190 ＝ 210（人）
となります。
　そうすると、条件カより、フランス語を選択してい
る女子は 90 人ですから、ドイツ語を選択している女
子は 210 － 90 ＝ 120（人）で、条件エより、ドイ
ツ語を選択している男子も 120 人となり、ここまで
を表1のように整理します。

表1

	男子	女子	計
フランス語		90	
ドイツ語	120	120	
計	190	210	400

表にするまでもないけ
ど、ちょっとわかりや
すいでしょ？

　ここから、フランス語を選択している男子は、190
－ 120 ＝ 70（人）となり、表2のようになります。

表2

	男子	女子	計
フランス語	70	90	160
ドイツ語	120	120	240
計	190	210	400

　また、条件オより、2年生の女子は70人で、1年生の女子は 210 − 70 = 140（人）とわかりますね。
　これより、選択肢を確認すると、正解は肢3となります。

正解 ③

　あるショッピングセンターの駐輪場で 200 台の自転車を調べたところ、次のことが分かった。なお、自転車の種類と色は、それぞれ 3 通りに分類されるものとする。

ア　自転車の種類と台数は、スポーティ車が 72 台、子供車が 40 台、シティ車が 88 台であった。
イ　白色の自転車の台数は 90 台、青色の自転車の台数は 64 台であった。
ウ　青色の子供車の台数は 10 台、青色のシティ車の台数は 30 台であった。
エ　白色でも青色でもない子供車の台数は、白色の子供車の台数の 4 倍であり、白色でも青色でもないシティ車の台数より 10 台多かった。

以上から判断して、白色のシティ車の台数として、正しいのはどれか。

出典▶東京都Ⅲ類 2017

1．36 台
2．38 台
3．40 台
4．42 台
5．44 台

　自転車の種類と色を表に整理します。表 1 のように条件ア〜ウを記入し、その他を表のように $a \sim h$ とします。

表 1

	スポー	子供	シティ	計
白色	a	b	c	90
青色	d	10	30	64
他の色	e	f	g	h
計	72	40	88	200

求めるのは c だね。ここをチェックしておこう！

　表 1 より、$d = 64 -(10 + 30)= 24$，$h = 200 -(90 + 64)= 46$ がわかります。
　また、条件エより、$f = 4b$ ですから、子供車の合計から次のようになります。

子供車の合計より、$b + f = 40 - 10 = 30$
$f = 4b$ を代入して、$b + 4b = 30$
$$5b = 30 \quad \therefore b = 6 , f = 24$$

さらに、条件エより、$f = g + 10$ ですから、$g = 14$ とわかり、ここまでで表2を得ます。

表2

	スポー	子供	シティ	計
白色	a	6	c	90
青色	24	10	30	64
他の色	e	24	14	46
計	72	40	88	200

表2より、$c = 88 - (30 + 14) = 44$ がわかり、正解は肢5です。

正解

残る2カ所も、横の列の合計から求めると、$a = 40$，$e = 8$ とわかるね。

ある外国語学校の生徒 30 人にアンケートをとったところ、英語を履修している生徒は 17 名、フランス語を履修している生徒は 14 名、ドイツ語を履修している生徒は 10 名いた。このとき確実にいえることとして、妥当なのはどれか。

東京消防庁Ⅲ類 2005

1．2 箇国語以上履修している生徒がいる。
2．3 箇国語を履修している生徒がいる。
3．英語もフランス語もドイツ語も履修していない生徒がいる。
4．ドイツ語を履修している生徒は、英語かフランス語を履修している。
5．英語とフランス語を履修している生徒は 2 人以上いる。

本問は、選択肢の中から確実にいえることを探すので、各肢について反例を考えるなどで、検討していきましょう。

まず、肢 1 について、英語とフランス語の履修人数に着目してください。両者の人数を合計すると 17 ＋ 14 ＝ 31（人）ですが、生徒の総数は 30 人です。ということは、最少でも 1 人は両方とも履修していることになります。図 1 のような数直線でも確認できますね。

図 1

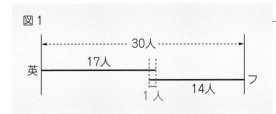

ちょっと補足

英語とフランス語のダブリが最も少ない状態を考えただけで、単なる一例だから誤解のないように！

よって、肢 1 は確実にいえます。

しかし、肢 2 の 3 カ国語を履修している生徒については、たとえば図 1 に加えて、ドイツ語を履修している生徒が図 2 のような状態であれば、3 カ国語すべて重なる部分はありません。よって、3 カ国語を履修している生徒が確実にいるとはいえませんね。

ちょっと補足

もちろん、いる可能性もあるんだよ。でも、いない可能性があるから、確実にはいえないってこと！ ちなみに、肢 2 が確実なら、肢 1 だって確実なわけだしね！

図2

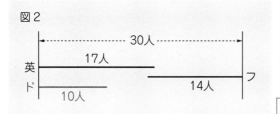

また、図2より、肢3も確実にはいえませんね。

肢4については、ドイツ語のみ履修している生徒がいる可能性があればいいので、たとえば図3のような反例が考えられ、確実にいえないことがわかります。

図3

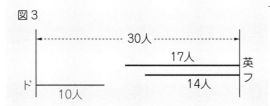

肢5は、図1の状態であれば、1人のみの可能性もあります。よって、確実にはいえませんね。

正解 ①

ナットクいかない方はこちら

全員がいずれかを履修している可能性があるでしょ！

ちょっと補足

ちょっとくらいダブっていても、ドイツ語のみの人が1人でもいれば OK だからね。

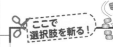

ここで選択肢を斬る！

肢2同様、肢5が確実なら、肢1だって確実でしょ！
最初から切っていいよね。

MEMO

仕事算・ニュートン算 ➡ パターンを覚えよ！

ガイダンス 🧭

★一定の仕事を行うのに必要な時間や人員等についての問題が「仕事算」、仕事中に追加される仕事があるのが「ニュートン算」です。

★出題頻度はやや高めで、パターンを覚えれば得点源になります。

パターン 19

　ある仕事をAが1人ですると20日かかり、AとBの2人ですると14日でできる。この仕事の4割を始めにAが1人で行い、その後残りの仕事をBが1人で行うとすると、あわせて何日かかるか。　　　　📖裁判所事務官Ⅲ種 2004

1. 32日
2. 34日
3. 36日
4. 38日
5. 40日

　全体の仕事量を1とします。Aは1人でこの仕事を20日で行うので、1日当たりの仕事量は $\frac{1}{20}$ です。また、AとBの2人では14日かかるので、1日当たり $\frac{1}{14}$ だけの仕事を行いますので、Bが1人で1日当たりに行う仕事量は、

$$\frac{1}{14} - \frac{1}{20} = \frac{10 - 7}{140} = \frac{3}{140}$$

となります。

　よって、Aが4割、Bが残りの6割を行うのにかかる日数はそれぞれ、次のようになりますね。

One Point Advice

本問のように、一定の仕事を行うのにかかる時間などが与えられているタイプは、全体の仕事量を1とおいて、単位当たりの仕事量を出して、計算して解くのが基本の解法。

でも、1以外の適当な数においてもかまわないからね。

$$A \quad \frac{4}{10} \div \frac{1}{20} = \frac{4}{10} \times 20 = 8 （日）$$

$$B \quad \frac{6}{10} \div \frac{3}{140} = \frac{6}{10} \times \frac{140}{3} = 28 （日）$$

　これより、合わせて $8 + 28 = 36$（日）かかるこ
とになり、正解は肢3です。

 正解③

　ある仕事を仕上げるのに、A 1人で行うと 32 日、B 1人で行うと 96 日、C 1人で行うと 24 日、それぞれかかる。

　AとBの2人がこの仕事を共同で4日間行った。この後Cも加わって3人で行うとすると、仕事を仕上げるのにあと何日かかるか。

　ただし、A，B，Cがそれぞれ行う1日の仕事量は一定である。

国家Ⅲ種 2003

1. 6日
2. 8日
3. 9日
4. 10日
5. 12日

　全体の仕事量を1とします。A，B，Cが1日で行う仕事量は、それぞれ $\dfrac{1}{32}$，$\dfrac{1}{96}$，$\dfrac{1}{24}$ となります。

　そうすると、AとBの2人が共同で4日間で行った仕事量は、次のようになりますね。

$$\left(\frac{1}{32}+\frac{1}{96}\right)\times 4 = \frac{3+1}{96}\times 4 = \frac{1}{24}\times 4 = \frac{1}{6}$$

　よって、残りの仕事量は、$1-\dfrac{1}{6}=\dfrac{5}{6}$ ですから、これを3人共同で行うのにかかる日数は次のようになります。

$$\frac{5}{6}\div\left(\frac{1}{32}+\frac{1}{96}+\frac{1}{24}\right)=\frac{5}{6}\div\frac{3+1+4}{96}$$
$$=\frac{5}{6}\div\frac{1}{12}=10（日）$$

　よって、あと10日かかることがわかり、正解は肢4です。

正解

ワンポイントアドバイス
One Point Advice

全体の仕事量を、32，96，24 の最小公倍数の 96 とおいて、A，B，Cの1日当たりの仕事量をそれぞれ、3，1，4として計算してもOK！

Exercise 28

ある仕事を行うのに、Ａだけが 12 日間働き、その後Ｂだけが 10 日間働くと、その仕事が終わる。また、ＡとＢが一緒に 8 日間働いて、その後Ｂだけが 7 日間働いても仕事が終わる。この仕事をＡだけが働いて終わらせることができる日数はどれか。

特別区Ⅲ類 2004

1. 16 日
2. 17 日
3. 18 日
4. 19 日
5. 20 日

Ａ，Ｂが 1 日で行う仕事量を、それぞれ a，b とします。全体の仕事量について、次のような式が成り立ちますね、

$$12a + 10b = 8(a + b) + 7b$$

これを解いて、$b = \dfrac{4}{5}a$ となり、全体の仕事量を示す「$12a + 10b$」に代入すると、

$$12a + 10 \times \frac{4}{5}a = 12a + 8a = 20a$$

となり、全体の仕事量は「$20a$」と表せることになります。

よって、この $20a$ の仕事をＡが 1 人で行うと、1 日当たり a だけの仕事を行うわけですから、20 日かかることがわかりますね。正解は肢 5 です。

正解 ⑤

ちょっと補足

全体の仕事を終わらせる方法が 2 通り与えられているので、これをイコールで結んだ式をつくればいいよね。

計算しよう！

$12a + 10b = 8a + 8b + 7b$
$4a = 5b$
$\therefore b = \dfrac{4}{5}a$

　ある仕事を 1 人ですると、1 日 8 時間働いて 40 日かかる。この仕事を何人か
で 1 日 5 時間ずつ 16 日間働いたが、全体の 50% しか終わらなかった。残りの
仕事を、1 日 8 時間働いて、あと 2 日間で完成させるために、さらに何人か追加
する場合、追加に必要な最少の人数として、最も妥当なのはどれか。ただし、ど
の人も仕事は同じ量をこなすものとする。　　　　　　　東京消防庁 II 類 2012

1．4 人
2．5 人
3．6 人
4．7 人
5．8 人

　1 人で 1 時間働いてできる仕事量を 1 とします。1
人ですると 1 日 8 時間で 40 日かかることから、全体
の仕事の量は、$1 \times 8 \times 40 = 320$ と表せますね。

　そうすると、この仕事の 50% は 160 ですが、1 日
5 時間ずつ 16 日間働くと、$5 \times 16 = 80$ の仕事がで
きますので、$160 \div 80 = 2$（人）でこの 50% を終
えたとわかります。

　では、残りの仕事 160 ですが、1 日 8 時間働いて
2 日で終えるには、$160 \div (8 \times 2) = 10$（人）必要
ですから、追加に必要な最少人数は 8 人となり、正
解は肢 5 です。

正解 **5**

本問の場合は、全体を 1 とす
るより、単位当たりを 1 とし
たほうが計算しやすいね。何を
いくらにするかは自分で決めれ
ばいい！

A，B，Cの3台の印刷機があり、1分当たりの印刷枚数は、Aが5枚、Bが10枚、Cが15枚である。3台中2台の印刷機を用い、午前9時から印刷したが、時間がかかったため、途中から3台全て用いて印刷を行い、午後5時に予定枚数の12,000枚が刷り上がった。

最初の2台で12,000枚を印刷した場合より、作業時間が2時間短縮されたとすると、確実にいえるのはどれか。

ただし、印刷機は一度稼働させると、作業が終了するまで停止しないものとする。
 入国警備官等 2016

1．途中から使用した印刷機はAである。
2．途中から使用した印刷機はCである。
3．午前11時から3台の印刷機を使用した。
4．午後1時から3台の印刷機を使用した。
5．午後3時から3台の印刷機を使用した。

途中から3台すべてを用いたために、作業時間が2時間短縮されたわけですから、最初の2台のままで印刷した場合は、午後5時＋2時間で午後7時までかかることになります。すなわち、午前9時→午後7時で10時間かけて12,000枚を印刷することになり、1時間当たりで12000 ÷ 10 = 1200（枚）、1分当たりで1200 ÷ 60 = 20（枚）を印刷することから、最初の2台はAとCであったとわかります。

これより、それぞれの印刷枚数を確認すると、AとCは、午前9時→午後5時の8時間稼働していますから、1200 × 8 = 9600（枚）印刷しています。そうすると、残り12000 − 9600 = 2400（枚）を、途中から使用したBが印刷したわけですから、Bの稼働時間は、2400 ÷ 10 = 240（分）、すなわち、4時間とわかります。

よって、Bを使用したのは、午後5時より4時間前の午後1時からとなり、肢4が正解となります。

One Point Advice

一般的な仕事算とはちょっと違うけど、こういうのも、特に国家でたまに出題されている。普通に計算するだけだからね！

正解 **④**

ある工場ではA，B，Cの3人の従業員がそれぞれ単独で製品を作っている。仮に休まずに製品を作ったとすると、1,000個目の製品が作られるのは、それぞれ最短で、AとBの2人では42日目、AとCの2人では48日目、BとCの2人では53日目である。この3人が同日に作り始め、かつ、3日働くと1日休むこととすれば、1,000個目の製品が作られるのは最短で何日目か。

なお、A，B，Cが1日に作る製品の個数はそれぞれ一定であり、また、日をまたいで1個の製品を作ることはしないものとする。　　　　　　🏷国家一般職 2014

1．42日目
2．43日目
3．44日目
4．45日目
5．46日目

まず、2人ずつで1,000個作るときの最短日数から、それぞれが1日で作る個数を考えます。

AとBの2人で1日に x 個作るとすると、最短で「42日目」ですから、41日ではまだ1,000個に満たず、42日で1,000個以上になるので、次のような不等式が立ちます。

ちょうど42日でできるってことじゃないからね！

$$41x < 1000 \leqq 42x$$

これを解いて、$23\frac{17}{21} \leqq x < 24\frac{16}{41}$ より、整数 x を求めると、$x = 24$ とわかります。つまり、AとBでは1日に24個作るわけですね。

同様に、AとC、BとCで、それぞれ1日に y 個、z 個作るとすると、次のようになります。

計算しよう！

$41x < 1000$ より、
$x < 24\frac{16}{41}$
$1000 \leqq 42x$ より、
$23\frac{17}{21} \leqq x$
$\therefore 23\frac{17}{21} \leqq x < 24\frac{16}{41}$
整数部分だけ求めれば十分だよ！

$$47y < 1000 \leqq 48y$$
$$52z < 1000 \leqq 53z$$

　ここから、$y = 21$，$z = 19$ が得られ、AとCで
21 個、BとCで 19 個とわかりますね。
　これより、A〜Cがそれぞれ 1 日で作る個数を、
そのままA〜Cとすると、次のようになります。

$$A + B = 24 \quad \cdots ①$$
$$A + C = 21 \quad \cdots ②$$
$$B + C = 19 \quad \cdots ③$$

　ここから、A + B + C = 32 が得られ、3 人が一緒
に作ると、1 日で 32 個できるわけですから、1,000
個を作る最短日数は、

$$1000 \div 32 = 31.25$$

より、32 日目とわかります。
　そうすると、3 日働いて 1 日休むという 4 日間の
サイクルを 10 周すると、その間で 30 日働きますの
で、そこからあと 2 日ですから、42 日目にできると
わかりますね。
　よって、正解は肢 1 です。

正解 1

計算しよう!

①+②+③より、
2A + 2B + 2C = 64
両辺を 2 で割って、
A + B + C = 32

パターン 22

湧き水が出ている池があり、この池は満水の状態からポンプ6台で排水すると15分で水がなくなり、ポンプ12台で排水すると5分で水がなくなる。池が満水の状態からポンプ9台で排水したとき、水がなくなるまでの時間はどれか。ただし、湧き水の量は一定とし、すべてのポンプの能力は同じものとする。

特別区Ⅲ類 2005

1．7分20秒
2．7分30秒
3．7分40秒
4．7分50秒
5．8分00秒

「ニュートン算」といわれるタイプの問題で、仕事中に追加される仕事があるのが、「仕事算」との違いです。算数的な解法と方程式の2通りで解説しますね。

【解法1】
　ポンプ1台で1分で排水する量を1とします。
　6台で15分で排水する量は、$6 \times 15 = 90$、12台で5分で排水する量は、$12 \times 5 = 60$で、その差の30は、15分と5分の時間差である10分間に湧き出た水ということになり、1分間で、$30 \div 10 = 3$だけの水が湧き出ていることがわかります。
　そうすると、6台で1分で6ずつ排水しても、そのうち3は湧き出る水と相殺されますので、実際には$6 - 3 = 3$ずつしか、水を減らしていくことができないわけです。
　従って、実際に15分間で減らした水は、$3 \times 15 = 45$で、これがはじめの満水の量とわかります。
　よって、9台でこれを排水するときも、9台で1分に排水する水の量9のうち、3は湧き水と相殺して、1分に6ずつ池の水を減らしていくとすると、$45 \div 6 = 7.5$（分）で水がなくなることになります。
　7.5分＝7分30秒ですから、正解は肢2ですね。

ちょっと補足

一定の仕事をこなすだけなら、台数×時間は一致するはずでしょ。
本問の「湧き出る水」のように、仕事中に追加される仕事があるときは、時間がかかればそれだけ多くの仕事をすることになるんだよね。

One Point Advice

ニュートン算はパターンが決まっているから、自分にあった解法をしっかり覚えようね！
【解法2】の方程式のほうが、公務員受験生の皆さんには人気があるかな。

【解法2】

満水の水の量を a、1分当たり湧き出る水の量を b、ポンプ1台当たり1分で排水する水の量を c として、方程式を立てます。

6台で15分間で排水する水の量は、はじめの満水の量の a と、15分間で湧き出た $15b$ を合わせた量です。一方、ポンプの行った仕事量は、$c \times 6 \times 15 = 90c$ なので、次の方程式が成り立ちます。

$$a + 15b = 90c \quad \cdots ①$$

同様に、12台で5分で排水する水の量についても、次のような方程式が成り立ちますね。

$$a + 5b = 60c \quad \cdots ②$$

①、②を連立させて解くと、$a = 45c$，$b = 3c$ となり、9台で排水するときにかかる時間を t 分として、①、②と同様に次の式が成り立ちます。

$$45c + t \times 3c = c \times 9 \times t$$

これを解いて、$t = 7.5$ となり、7分30秒とわかります。

正解 ②

ポンプの仕事量は、c でもいいし、1 とおいてもいいよ。

計算しよう!

①-②より、
$$\begin{array}{r} a + 15b = 90c \\ -)\ a + 5b = 60c \\ \hline 10b = 30c \\ \therefore b = 3c \end{array}$$
②に代入して、
$$a + 15c = 60c$$
$$\therefore a = 45c$$

計算しよう!

$$45c + 3ct = 9ct$$
$$-6ct = -45c$$
$$\therefore t = 7.5$$

　ある公園で、20 人で草取りをすると、10 日で草がなくなる。30 人で草取りをすると 6 日で草がなくなる。35 人で草取りをしたとき、草がなくなるまでに何日かかるか。ただし、草は 1 日ごとに新しいものが一定の量生えてくるものとする。

　　　　　　　　　　　　　　　　　　　　　　　　　東京消防庁Ⅲ類 2005

1．4 日

2．$4\frac{1}{2}$ 日

3．$4\frac{3}{4}$ 日

4．5 日

5．$5\frac{1}{4}$ 日

【解法 1】

　1 人 1 日当たり取ることのできる草の量を 1 とします。20 人が 10 日で取る草の量は 20 × 10 = 200 、30 人が 6 日では 30 × 6 = 180 ですから、その差の 20 が 10 − 6 = 4（日）で生えてくる草の量になりますので、草は 1 日当たり 20 ÷ 4 = 5 だけ生えてくることがわかります。

　従って、20 人で 1 日に取れる草の量 20 のうち、5 の量が生えてくる量と相殺され、20 − 5 = 15 だけの草が 1 日で減っていくことになりますので、10 日で減った 15 × 10 = 150 がはじめに公園に生えていた草の量になります。

　よって、35 人で行う場合、1 日で取れる 35 のうち、生えてくる 5 と相殺した 35 − 5 = 30 が 1 日に減る量で、150 ÷ 30 = 5（日）でなくなることになります。

　これより、正解は肢 4 ですね。

【解法 2】

　はじめの草の量を a 、1 日当たり生えてくる草の量を b 、1 人 1 日当たり取ることのできる草の量を c として、次のような方程式が成り立ちます。

20 人で 10 日で行う仕事量より、
$$a + 10b = c \times 20 \times 10 \quad \cdots ①$$
30 人で 6 日で行う仕事量より、
$$a + 6b = c \times 30 \times 6 \quad \cdots ②$$

これを解いて、$a = 150c$、$b = 5c$ となり、35 人で行ったときにかかる日数を t 日として、このときの仕事量より次の式が成り立ちます。

$$150c + t \times 5c = c \times 35 \times t$$

これを解いて、$t = 5$ が得られ、5 日でなくなることがわかります。

正解 ④

計算しよう!

①－②より、
$$\begin{array}{r} a + 10b = 200c \\ +) \;\; a + 6b = 180c \\ \hline 4b = 20c \end{array}$$
$$\therefore b = 5c$$
①に代入して、
$$a + 50c = 200c$$
$$\therefore a = 150c$$

計算しよう!

$$150c + 5ct = 35ct$$
$$-30ct = -150c$$
$$\therefore t = 5$$

Exercise 31

　ある劇場で当日券を販売し始めたとき、既に 150 人の行列があり毎分 10 人ずつ新たに列に並んでいった。一つの窓口で販売したところ 30 分で行列がなくなった。この場合、5 分以内に行列をなくすためには、少なくとも窓口はいくつ必要か。ただし、どの窓口も、1 人の販売に要する時間は同じとする。

出典 入国警備官等 2013

1．二つ
2．三つ
3．四つ
4．五つ
5．六つ

【解法 1】

　本問は、はじめの行列の人数、1 分当たり新たに並ぶ人数ともにわかっていますので、これをもとに計算します。

　1 つの窓口では、行列をなくすのに 30 分間かかったので、1 分当たりで、150 ÷ 30 = 5（人）ずつ減らしたことになります。そうすると、その 1 分間で新たに並んだ 10 人と合わせて、1 分当たりに 15 人に販売したことになります。

　これより、5 分以内で行列をなくすには、1 分当たりで、150 ÷ 5 = 30（人）以上減らすことになり、その 1 分間で新たに並ぶ 10 人と合わせて、1 分当たり 40 人以上に販売する必要があります。そうすると、窓口 1 つでは 15 人ですから、$40 \div 15 = 2\frac{2}{3}$ より、少なくとも 3 つの窓口で販売することになりますね。

　よって、正解は肢 2 です。

One Point Advice

これを求める必要がないのでラクなんだけど、いつもと違うから戸惑っちゃうこともあるかも。考え方は同じだから、落ち着いて解こう！

ちょっと補足

30 分間に新たに並んだ 300 人と合わせて 450 人に 30 分で販売したので、450 ÷ 30 = 15（人）と計算しても OK！

【解法 2】

　1 つの窓口で 1 分間で x 人に販売すると、30 分で販売した人数について、次のような方程式が成り立ちます。

$$150 + 10 \times 30 = 30x$$

計算しよう！

$450 = 30x$
$\therefore x = 15$

これを解いて、$x = 15$ となります。

ここで、5分以内で行列をなくすのに必要な窓口の数を y とすると、1分間で $15y$ 人に販売できますので、5分間では $15y \times 5$（人）に販売できます。そうすると、これが、はじめの150人と5分間で新たに並ぶ 10×5（人）を合わせた人数以上であれば、5分以内に行列をなくすことができますので、次のような不等式が成り立ちます。

$$150 + 10 \times 5 \leqq 15y \times 5$$

これを解いて、$y \geqq 2\dfrac{2}{3}$ が得られ、整数 y は3以上ですから、少なくとも3つとわかります。

正解 ②

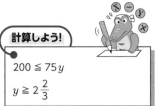

計算しよう！

$200 \leqq 75y$

$y \geqq 2\dfrac{2}{3}$

ワンポイントアドバイス
One Point Advice

本問のように、具体的な人数などが与えられているときは、「○○を1とする」ということはできないので、注意してね！

色々な文章題 ➡ 柔軟に対応せよ!

ガイダンス ✐

★平均算, 年齢算などの文章題を扱います。
★出題頻度はあまり高くはありませんが、パターンを覚えれば解ける問題が多いですよ。

パターン **23**

ある試験の結果は、合格率が 30％で、全受験者の平均点が 45 点であった。合格者の平均点は合格点より 10 点高く、不合格者の平均点は合格者の平均点より 30 点低かった。

このとき、合格点として正しいものはどれか。 裁判所職員一般職 2021

1. 50 点
2. 52 点
3. 54 点
4. 56 点
5. 58 点

【解法1】

合格率 30％より、全受験者の 30％が合格で、70％が不合格ですから、合格者と不合格者の人数の比は 3：7 となります。

これより、合格者の人数を $3x$、不合格者の人数を $7x$ とします。また、合格点を y とすると、それぞれの平均点は次のように表せます。

ワンポイントアドバイス
One Point Advice

あとで計算すればわかるけど、どうせ、x は消えるので、「3」と「7」とおいても OK だよ!

合格者の平均点 ＝ $y + 10$（点）
不合格者の平均点 ＝ $y + 10 - 30 = y - 20$（点）

さらに、全受験者の人数は、$3x + 7x = 10x$ で、平均点は 45 点ですから、合格者の合計点＋不合格者の合計点＝全受験者の合計点より次のような方程式が

立ちます。

$$3x(y+10)+7x(y-20)=45 \times 10x$$

これを解いて、$y = 56$ が得られ、合格点は 56 点で、正解は肢 4 です。

計算しよう！

$x \neq 0$ より、両辺を x で割って、
$3(y+10)+7(y-20)=450$
$3y+30+7y-140=450$
$10y=560 \quad \therefore y=56$

【解法2】
図1のようなてんびん図に、合格者を右、不合格者を左に置いて、おもりに人数、うでに平均点をとると、全受験者の平均点 45 点が支点の位置に来ます。
条件より、合格者と不合格者の平均点の差は 30 点ですから、図のように、うでの両端の間の長さが 30 となりますね。

図1

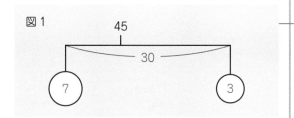

ちょっと補足

食塩水を混ぜ合わせるのと同じで、合格者と不合格者を合わせて、全受験者になるってこと！

図の左右のおもりの重さの比が 7：3 ですから、うでの長さの比は 3：7 となり、30 点を 3：7 に分けると、9 点と 21 点となります。
ここから、不合格者の平均点は、$45 - 9 = 36$（点）、合格者の平均点は $45 + 21 = 66$（点）とわかり、図2を得ます。

図2

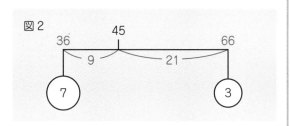

条件より、合格点は合格者の平均点より 10 点低いので、$66 - 10 = 56$（点）とわかりますね。

正解 ④

　ある生徒が 1 日目に 6 科目、2 日目に 4 科目、計 10 科目の試験を受けた。1 日目に受けた 6 科目の平均点は、10 科目の平均点より 4 点低かった。この 6 科目の平均点と、2 日目に受けた 4 科目の平均点との差は何点か。

　　　　　　　　　　　　　　　　　　　　　入国警備官等 2003

1．9 点
2．10 点
3．11 点
4．12 点
5．13 点

【解法 1】

　1 日目の 6 科目の平均点を x 点、2 日目の 4 科目の平均点を y 点とすると、10 科目の平均点は $x + 4$（点）と表せますね。

　これより、1 日目の合計点＋ 2 日目の合計点＝計 10 科目の合計点の関係で、次の式が成り立ちます。

$$6x + 4y = 10（x + 4）$$

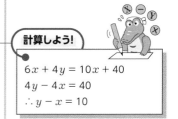

計算しよう!

$6x + 4y = 10x + 40$
$4y - 4x = 40$
$\therefore y - x = 10$

　ここから、$y - x = 10$ となり、1 日目と 2 日目の平均点の差は 10 点とわかります。

　よって、正解は肢 2 ですね。

【解法 2】

　1 日目の平均点を x、2 日目の平均点を y として、それぞれ図 1 のように左右に置いて、てんびん図に表すと、計 10 科目の平均点が支点の位置にくることになります。

図 1

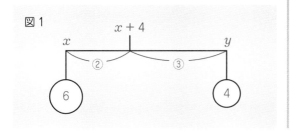

図の左右のおもりの重さの比が6：4＝3：2です
から、うでの長さの比は2：3で、xと支点の差が4
点ですから、yと支点の差は6点となり、図2が得
られます。

図2

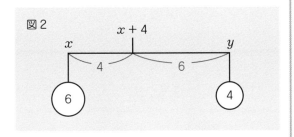

　よって、xとyの差は10点とわかりますね。

正解 2

現在の母親の年齢は、子どもの年齢の 9 倍より 2 歳若く、今から 6 年後には、母親の年齢が子どもの年齢の 4 倍になる。このとき、現在の母親の年齢として、正しいものはどれか。

裁判所職員一般職 2022

1. 25 歳
2. 29 歳
3. 34 歳
4. 37 歳
5. 43 歳

現在の子どもの年齢を x 歳とすると、母親の年齢は $9x - 2$（歳）と表せます。

6 年後には、いずれも 6 歳だけ年齢が高くなっていますので、条件より、次のような方程式が立ちます。

$$9x - 2 + 6 = 4(x + 6)$$

これを解いて、$x = 4$ が得られ、現在の子どもの年齢は 4 歳で、母親の年齢は、$9 \times 4 - 2 = 34$（歳）となります。

よって、正解は肢 3 です。

正解 ③

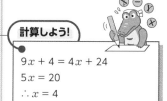

計算しよう！

$9x + 4 = 4x + 24$
$5x = 20$
$\therefore x = 4$

父，母，姉，弟の4人で構成された家族の年齢について、本年の元日に調べたところ、次のことが分かった。

ア　姉は弟より3歳年長であった。
イ　4年前の元日には、母の年齢は姉の年齢の5倍であった。
ウ　6年前の元日には、母の年齢は姉の年齢の7倍であった。
エ　4年後の元日には、父の年齢と母の年齢との和は、姉の年齢と弟の年齢との和の3倍となる。

以上から判断して、本年の元日における4人の年齢の合計として、正しいのはどれか。　　　　　　　　　　　　　　　　　　　　　　　　東京都Ⅲ類 2019

1．84歳
2．88歳
3．92歳
4．96歳
5．100歳

条件イ，ウより、4年前と6年前の姉と母の年齢の関係に着目します。4年前の姉の年齢を x 歳とすると、母の年齢は $5x$ 歳と表せます。6年前の年齢は、4年前よりいずれも2歳低いので、次のような方程式が立ちます。

$$5x - 2 = 7(x - 2)$$

これを解いて、$x = 6$ が得られ、4年前の姉の年齢は6歳ですから、本年の姉の年齢は10歳とわかります。また、4年前の母の年齢は $5 \times 6 = 30$（歳）で、本年は34歳ですね。さらに、条件アより、本年の弟の年齢は7歳とわかります。
ここで、条件エより、4年後の年齢を考えると、母は38歳、姉は14歳、弟は11歳ですから、姉と弟の合計は $14 + 11 = 25$（歳）となります。そうすると、父と母の年齢の合計は $25 \times 3 = 75$（歳）となり、父の年齢は $75 - 38 = 37$（歳）とわかりますね。
これより、父の本年の年齢は33歳で、本年の4人

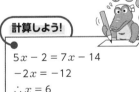

計算しよう！

$5x - 2 = 7x - 14$
$-2x = -12$
$\therefore x = 6$

の年齢の合計は、33 + 34 + 10 + 7 = 84（歳）と
なり、正解は肢1です。

正解①

パターン 25

　ある料理を作るためには、ア～カの6種類の工程を行わなければならない。各
工程は、着手してから完了するまでに表の時間を要し、また、着手の時期につい
て表のとおりの制約がある。

　この料理を完成させるために要する最短の時間は何分か。

　ただし、複数の工程に同時に着手することができるものとする。

出典 刑務官 2018

工程	所用時間	着手時期の制約
ア	7分	いつでも着手できる
イ	5分	いつでも着手できる
ウ	3分	イが完了した後にしか着手できない
エ	6分	イが完了した後にしか着手できない
オ	2分	アとウが完了した後にしか着手できない
カ	4分	エとオが完了した後にしか着手できない

1. 13分
2. 14分
3. 15分
4. 16分
5. 17分

　着手時期の制約に従って、工程の順序を次のような
図に表します。

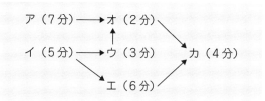

この図で、最も時間のかかるルートを探すと、イ→

ちょっと補足

オやカのように、2本の矢印が
指す工程は、2本とも終わって
ないとできないから、時間の長
いほうをとるんだよ。

エ→カで、その時間は、5 分＋ 6 分＋ 4 分＝ 15 分と
わかります。

　これより、<u>所要時間は最短で 15 分</u>となり、正解は
肢 3 です。

正解 ③

他のルートは、この 15
分の中ですべて終わっ
ているよね。

ある仕事を完成させるのに、以下のA〜Hの8種類の作業を行わなければならない。下の表はそれぞれの作業を終えるのに必要な日数と、着手時期を示している。この仕事を完成させるのに必要な最短の日数として、最も妥当なのはどれか。

警視庁Ⅲ類 2018

作業	所要日数	着手時期の制約
A	3日	なし
B	4日	なし
C	2日	Aが完了した日の翌日以降にしか着手できない
D	1日	Aが完了した日の翌日以降にしか着手できない
E	3日	Bが完了した日の翌日以降にしか着手できない
F	5日	Cが完了した日の翌日以降にしか着手できない
G	2日	DとEが完了した日の翌日以降にしか着手できない
H	3日	FとGが完了した日の翌日以降にしか着手できない

1. 9日
2. 10日
3. 11日
4. 12日
5. 13日

前問と同様に、図にすると、次のようになります。

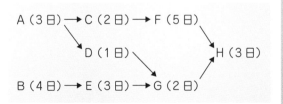

ここで、最も時間がかかるルートを探すと、A→C→F→Hで、3日＋2日＋5日＋3日＝13日となり、これが必要な最短の日数となります。

よって、正解は肢5です。

正解

MEMO

SECTION

08

速さ ➡ 苦手意識をなくせ！

重要度

ガイダンス

★速さ，時間，距離の関係を問う問題で、方程式で解くものも多いですが、算数的な要素が強い分野です。

★出題頻度は、割と高めです。

パターン 26

A は自宅を出て、B の家の前で B と待ち合わせて、さらに B と一緒に C の家まで歩いて行くことにした。A は、自宅から B の家までは毎分 75m で歩き、B の家から C の家までは B と 2 人で毎分 50m で歩いた。このとき A が歩いた道のりは 3km で時間は 45 分間であったとすると、B の家から C の家までの道のりは何 m か。ただし、A が立ち止まった時間はないものとする。

📖 裁判所事務官Ⅲ種 2005

1. 750m
2. 1000m
3. 1250m
4. 1750m
5. 2250m

B の家から C の家までの道のりを x m とすると、A の自宅から B の家までの道のりは、A が歩いたのが合計 3km ですから、3000 $-$ x（m）と表せます。それぞれの区間の速さはわかっていますので、かかった時間について、速さの基本公式より次のような方程式が成り立ちます。

単位を m にそろえるのを忘れないで！

$$\frac{3000 - x}{75} + \frac{x}{50} = 45$$

計算しよう！

両辺に 150 を掛けて、分母を払って、

2（3000$-x$）+3x=45×150

6000$-2x+3x$=6750

∴ x=750

これを解いて、$x = 750$ となり、正解は肢 1 です。

正解 ①

Exercise 35

　A，Bの 2 人がそれぞれ自動車を使って地点Ｘを出発し、地点Ｙを経由して、地点Ｚにその日のうちに到着した。次のことが分かっているとき、区間ＸＹ及び区間ＹＺのそれぞれの距離の和はいくらか。

　ただし、各人は各区間をそれぞれ一定の速さで移動していたものとする。

国家一般職 2022

　ア　Aは午前 10 時 00 分に地点Ｘを出発し、区間ＸＹを時速 40km で移動し、地点Ｚに午前 11 時 45 分に到着した。
　イ　Bは午前 9 時 00 分に地点Ｘを出発し、区間ＹＺを時速 30km で移動し、地点Ｚに午前 11 時 30 分に到着した。
　ウ　区間ＸＹの距離は、区間ＹＺの距離の半分であった。
　エ　区間ＹＺにおけるAの速さは、区間ＸＹにおけるBの速さと同じであった。

1．80km
2．90km
3．100km
4．110km
5．120km

　条件ウより、区間ＸＹの距離をＬkm とすると、区間ＹＺはその 2 倍なので 2Ｌkm と表せます。

　さらに、条件エより、区間ＹＺにおけるAの速さと、区間ＸＹにおけるBの速さを時速 v km とすると、まず、条件アについて、Aの所要時間は 1 時間 45 分 $= 1\dfrac{3}{4}$ 時間 $= \dfrac{7}{4}$ 時間で、ここから次のような方程式が立ちます。

$$\frac{L}{40} + \frac{2L}{v} = \frac{7}{4} \quad \cdots ①$$

同様に、条件イについて、Bの所要時間は2時間30分＝$2\frac{1}{2}$時間＝$\frac{5}{2}$時間で、次のような方程式が立ちます。

$$\frac{L}{v} + \frac{2L}{30} = \frac{5}{2} \quad \cdots ②$$

①，②を連立させて解いて、L＝30，v＝60が得られ、区間ＸＹは30km、区間ＹＺはその2倍の60kmで、その和は90kmとなります。

よって、正解は肢2です。

正解

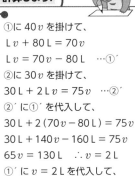

計算しよう!

①に$40v$を掛けて、
$Lv + 80L = 70v$
$Lv = 70v - 80L \quad \cdots ①'$
②に$30v$を掛けて、
$30L + 2Lv = 75v \quad \cdots ②'$
②'に①'を代入して、
$30L + 2(70v - 80L) = 75v$
$30L + 140v - 160L = 75v$
$65v = 130L \quad \therefore v = 2L$
①'に$v = 2L$を代入して、
$L \times 2L = 70 \times 2L - 80L$
$2L^2 = 60L$
$\therefore L = 30$
$v = 2L$にL＝30を代入して、
$v = 2 \times 30 = 60$

　図のような1周が6kmの円形のコースがある。スポーツカーが地点Aを出発し、地点B、地点Cの順に通過して、地点Aまで戻った。

　区間ABの平均の速さは、時速150kmであり、区間BCの平均の速さは、時速200kmであった。しかし、地点Cをちょうど通過する時点でスポーツカーに不具合が発生し、速さが遅くなった。

　コースを1周する間の平均の速さが、時速120kmであったとすると、区間CAの平均の速さは、時速何kmか。　　📙 海上保安学校（特別）2017

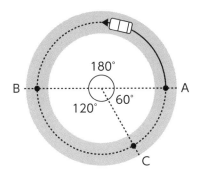

1．時速20km
2．時速30km
3．時速40km
4．時速50km
5．時速60km

　それぞれの区間の距離は、中心角に比例しますので、1周6kmを中心角の比で分けると、次のようになります。

	AB間	BC間	CA間
距離の比 =	180	120	60
=	3	2	1
	↓	↓	↓
	3km	2km	1km

コースの長さは、円の弧の長さだから、中心角に比例するね。

　これより、AB間、BC間、1周にかかった時間は、それぞれ次のように計算できます。

$$AB間 \quad 3 \div 150 = \frac{1}{50} \text{（時間）}$$

$$BC間 \quad 2 \div 200 = \frac{1}{100} \text{（時間）}$$

$$1周 \quad 6 \div 120 = \frac{1}{20} \text{（時間）}$$

そうすると、CA間にかかった時間は次のようになりますね。

$$\frac{1}{20} - \frac{1}{50} - \frac{1}{100} = \frac{5-2-1}{100} = \frac{2}{100} = \frac{1}{50} \text{（時間）}$$

これより、CA間の平均の速さは、次のように求められます。

$$1 \div \frac{1}{50} = 50 \text{（km/時）}$$

よって、時速 50km となり、正解は肢 4 です。

正解 ④

パターン 27

　ある陸上競技場において、一周が 300 m のトラックを、A，B，Cの 3 人が同じスタート地点から、Aは反時計回りに、BとCは時計回りに、それぞれ一定の速さで、同時に走り出した。Aは、1 分 30 秒でトラックを一周し、スタートしてから最初にBとすれ違うまでに 50 秒かかり、Bがトラックを一周してスタート地点を通過したとき、Cはスタート地点から 30 m 手前の地点を走っていた。このとき、Cの速さとして、正しいのはどれか。　　　　📖 東京都Ⅲ類 2016

1．140 m／分
2．144 m／分
3．148 m／分
4．152 m／分
5．156 m／分

　まず、Aの速さを計算すると、一周 300 m を 1 分30 秒＝ 1.5 分で走るので、次のようになります。

Aの速さ＝ 300 ÷ 1.5 ＝ 200（m／分）

　ここで、スタート地点をS、Aが最初にBとすれ違った地点をPとすると、AはS→Pに 50 秒かかったので、残りのP→Sには、1 分 30 秒－ 50 秒＝ 40秒かかることになりますね。これより、それぞれの距離の比は、次のようになります。

（S→P）:（P→S）＝ 50 : 40 ＝ 5 : 4

　そうすると、図のように、AとBがスタートして最初にすれ違うまでに走った距離の比は、5 : 4 とわかりますね。

法 ✕ 則

速さと比の関係
① 速さが同じ
　⇒時間と距離は比例
② 時間が同じ
　⇒速さと距離は比例
③ 距離が同じ
　⇒速さと時間は反比例

ちょっと補足

Aは一定の速さで走るので、かかった時間の比が距離の比になるんだ。上の法則の①だよ。

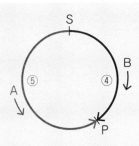

これより、AとBは同じ時間で走った距離の比が
5 : 4なので、これが2人の速さの比になります。

── 法則の②だよ！

Aの速さ：Bの速さ＝5 : 4

よって、Bの速さは、Aの速さの $\frac{4}{5}$ ですから、次
のようになりますね。

Bの速さ＝ $200 \times \frac{4}{5} = 160$（m/分）

さらに、Bが一周してS地点を通過したとき、Cが
その30m手前にいたことを考えると、Bが300mを
走る間に、Cは 300 − 30 ＝ 270（m）を走ったこ
とになり、2人の速さの比が次のようにわかります。

Bの速さ：Cの速さ＝ 300 : 270 = 10 : 9

ちょっと補足

BとCは一緒にスタートして同
じ方向に走ったからね。これも、
「同じ時間で走った距離の比」っ
てことだよ。

これより、Cの速さは、Bの速さの $\frac{9}{10}$ ですから、
次のようになります。

Cの速さ＝ $160 \times \frac{9}{10} = 144$（m/分）

よって、正解は肢2です。

正解 ②

E x e r c i s e 37

　A〜Dの4人が、同じ地点から出発し、同じ道を通ってX町に出かけた。今、次のア〜エのことが分かっているとき、DがAに追いついた時刻はどれか。ただし、4人の進む速さは、それぞれ一定とする。 ▶特別区Ⅲ類 2017

　ア　Aは、午前9時に出発した。
　イ　Bは、Cよりも10分早く出発したが、40分後にCに追いつかれた。
　ウ　Cは、Aより20分遅れで出発し、10分後にAに追いついた。
　エ　Dは、Bより4分遅れで出発し、12分後にBに追いついた。

1．9時21分
2．9時24分
3．9時27分
4．9時30分
5．9時33分

　まず、条件ウより、Aが出発した20分後にCが出発して、その10分後にAに追いついたことについて考えます。AとCが同じ地点を出発してから、CがAに追いついた地点までにかかった時間は、Cは10分、Aは20 + 10 = 30（分）ですね。
　これより、AとCが同じ距離を進むのにかかった時間の比は30：10 = 3：1ですから、2人の速さの比は、次のようになります。

> ちょっと補足

107ページの「法則」の③だよ。同じ距離にかかる時間と速さは反比例する。3倍の速さで走ると$\frac{1}{3}$の時間で済むってことだね！
だから、時間の比と速さの比は逆になるんだ。

　　　Aの速さ：Cの速さ＝1：3 …①

　次に、条件イより、Bが出発してから10分後にCが出発し、40分後にCに追いつかれたことについて、同様に考えます。出発点から追いつかれた地点までにかかった時間は、Bは40分、Cは40 − 10 = 30（分）で、その比は40：30 = 4：3ですから、2人の速さの比は次のようになります。

Bが出発して40分後だからね。気をつけて！

　　　Bの速さ：Cの速さ＝3：4 …②

　同様に、条件エについて、DとBが同じ距離にか

かった時間は、Dが12分、Bは4＋12＝16（分）で、BとDの比は16：12＝4：3ですから、2人の速さの比は次のようになります。

Bの速さ：Dの速さ＝3：4 …③

②，③より、CとDの速さは同じとわかりますね。そうすると、①より、AとCの速さの比が1：3ですから、AとDの速さの比も1：3とわかります。

ここで、各人が出発した時刻を次のように整理します。

条件ア	A	→	9時00分
条件ウ	C	→	9時20分
条件イ	B	→	9時10分
条件エ	D	→	9時14分

すなわち、DはAより14分遅れて出発していますので、そこからt分後にAに追いついたとすると、AとDが同じ距離にかかる時間の比は3：1であることから、次のような方程式が成り立ちます。

速さの比が1：3だから、時間の比は3：1だよね。

$$(14 + t) : t = 3 : 1$$

これを解いて、$t = 7$が得られ、DがAに追いついた時刻は、9時14分＋7分＝9時21分となり、正解は肢1です。

正解①

計算しよう！

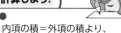

内項の積＝外項の積より、
$3t = 14 + t$
$2t = 14$
∴ $t = 7$

妹の歩く速さは分速60m、姉が自転車で進む速さは分速300mである。妹が出発してから12分後に姉が同じ道を自転車で妹を追いかけるとき、姉が出発してから妹に追いつくまでにかかる時間と出発地点から妹に追いついた地点までの距離の組合せとして適当なものはどれか。　　　　　　出典裁判所職員一般職 2017

	時間	距離
1.	2.5分	750m
2.	3分	600m
3.	3分	900m
4.	5分	900m
5.	5分	1500m

　まず、「旅人算の公式」から説明します。わかっている方は読み飛ばしてください。

　図1のように、XとYの間の距離がLmで、2人が同時にお互いのほうへ向かって出発し、t_1分後にP地点で出会ったとします。

図1

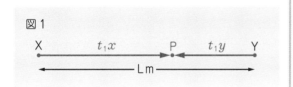

　X，Yの速さをそれぞれ、x，y（m/分）とすると、出発して出会うまでに2人の進んだ距離は、$t_1 x$，$t_1 y$（m）ですから、これより次の式が成り立ち、これを「出会い算の公式」といいます。

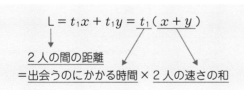

$$L = t_1 x + t_1 y = t_1 (x + y)$$

　↓
2人の間の距離
＝出会うのにかかる時間×2人の速さの和

　また、これに対して図2のように、2人が同時に同じ方向へ向かって出発し、t_2分後にQ地点でXがYに追いついたとします。

図2

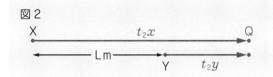

この場合は、2人の進んだ距離の差がLmになりますので、次の式が成り立ち、これを「追いかけ算の公式」といいます。

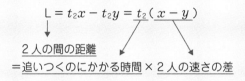

2人の間の距離
＝追いつくのにかかる時間 × 2人の速さの差

以上の2つが、「旅人算の公式」です。ではこれを使って、問題を解きましょう。

本問は、姉が妹を追いかける「追いかけ算」です。妹が出発して12分間で歩いた距離は、$60 \times 12 = 720$（m）ですね。姉が出発する時点で、2人の間はこれだけ離れていたわけですから、これが「2人の間の距離」になります。

これより、姉が出発してから妹に追いつくまでの時間を t 分とすると、追いかけ算の公式から、次のようになります。

$$720 = t(300 - 60)$$

これを解いて、$t = 3$ が得られ、姉が妹に追いつくまでの時間は3分とわかります。

そうすると、姉が妹に追いついた地点までの距離は、姉が3分間で走った距離ですから、$300 \times 3 = 900$（m）とわかり、正解は肢3です。

正解 ③ 🖋

旅人算の公式
①出会い算
　2人の間の距離
　＝出会うのにかかる時間
　　　× 2人の速さの和
②追いかけ算
　2人の間の距離
　＝追いつくのにかかる時間
　　　× 2人の速さの差

ちょっと補足

2人の速さの比は $60 : 300 = 1 : 5$ だから、同じ距離にかかる時間の比は $5 : 1$ で、「$(12 + t) : t = 5 : 1$」を解いても OK！ でも、ここは旅人算の練習だからね！

計算しよう！

$720 = 240t$
$\therefore t = 3$

ここで選択肢を斬る！

肢2と3だね。でも、距離は720mより長いはずだから、ここで肢3に決まり！

Exercise 38

電車の線路沿いを毎分 60 m の速さで歩いている人が、12 分ごとに電車に追い越され、10 分ごとに前方から来る電車に出会った。電車の速さは一定で、等しい間隔で運転されているものとすると、電車の速さはいくつか。

出典 東京消防庁Ⅲ類 2005

1．600m/分
2．620m/分
3．630m/分
4．650m/分
5．660m/分

まず、後方から来る 1 本の電車（電車 A とします）に、今この人が追い越されたとします。そうすると、この時点で電車 A から運転間隔だけ後方にいる次の電車（電車 B とします）に、12 分後に追い越されるわけですから、図 1 でわかるように、電車の間隔だけ離れた電車 B が、この人に 12 分で追いつく「追いかけ算」と考えることができます。

図 1

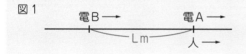

これより、電車の間隔を L m、速さを v m/分として、追いかけ算の公式によって、次の式が成り立ちます。

$$L = 12(v - 60) \quad \cdots ①$$

また、前方から来る 1 本の電車（電車 C とします）と、今この人が出会ったとして、やはり運転間隔だけ前方にいる次の電車（電車 D とします）と 10 分後に出会うことから、図 2 のように、電車の間隔だけ離れた電車 D とこの人が 10 分で出会う「出会い算」となります。

図2

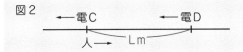

同様に出会い算の公式から、次の式が成り立ちます
ね。

$$L = 10(v + 60) \quad \cdots ②$$

電車の間隔は等しいわけですから、①，②において
Lの値は等しく、右辺も等しくなりますので、次の関
係が成り立ちます。

$$12(v - 60) = 10(v + 60)$$

これを解いて、$v = 660$ がわかり、正解は肢5で
すね。

また、本問を通して次のことも覚えておいてくださ
い。

パターン28で説明した旅人算の2つの公式におい
て、はじめの2人の距離（L）が等しいのであれば、
次の関係が成り立ちます。

$$t_1(x + y) = t_2(x - y)$$

これを変形して、さらに次の関係がわかりますね。

$$t_1 : t_2 = (x - y) : (x + y)$$

これより、「出会うのにかかった時間：追いつくの
にかかった時間＝2人の速さの差：2人の速さの和」
という関係がわかりますので、本問はこれに代入し
て、

$$10 : 12 = (v - 60) : (v + 60)$$

計算しよう！

両辺を2で割って、
$6(v - 60) = 5(v + 60)$
$6v - 360 = 5v + 300$
$\therefore v = 660$

ナットクいかない方はこちら

この式を、「外項の積＝内項の
積」で変形すると、もとの
式に戻るよね。

ワンポイントアドバイス
One Point Advice

等しい距離で、出会い算と追い
かけ算の両方の要素がある問題
には、けっこう役に立つよ。う
まく利用してね！

という式がはじめからわかり、これを、内項の積＝外項の積に変形して解くこともできますね。

正解⑤

パターン 29

時速48kmの電車Aが、時速60km，長さ80mの電車Bとすれ違い始めてから、すれ違い終わるまでに6秒かかった。電車Aの長さはいくらか。

ただし、電車A及びBは、一定の速さで進んでいるものとする。

🖊国家Ⅲ種 2004

1. 80m
2. 100m
3. 120m
4. 140m
5. 160m

はじめに「通過算の公式」を説明します。

図1のように、電車Xと電車Yがそれぞれ反対方向から進んできて、すれ違うとします。お互いの先頭が同位置にきた状態（①）が「すれ違い始め」で、最後尾が離れるところ（②）が「すれ違い終わり」です。

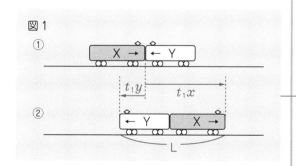

図1

ちょっと補足

進んだ距離は、たとえば先頭の位置など、1点に着目して移動距離を確認してね。

ここで、X，Yの速さをそれぞれ、x，y、①から②までにかかった時間を t_1 とすると、この時間で両者の進んだ距離はそれぞれ、$t_1 x$，$t_1 y$ で、その和が、両者の長さの和に相当するのがわかります。

従って、両者の長さの和を L とすると、L ＝ $t_1(x + y)$ という、旅人算と同じ式が得られ、次の公式が得られます。

　　両者の長さの和
　＝すれ違うのにかかる時間×両者の速さの和

さらに、X，Y が同方向に向かって進み、X が Y を追い越す場合も、図 2 の①から②までに両者の進んだ距離の差が、両者の長さの和に当たることがわかりますね。

図 2

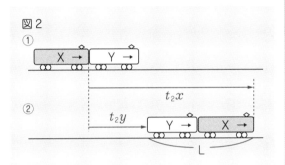

よって、かかった時間を t_2 とすると、L ＝ $t_2 x - t_2 y = t_2(x - y)$ がわかり、次の公式が得られます。

　　両者の長さの和
　＝追い越すのにかかる時間×両者の速さの差

以上より、旅人算と同様に、「すれ違うのにかかった時間：追い越すのにかかった時間＝速さの差：速さの和」の関係も成り立ちます。

では、公式を使って、問題を解きましょう。
電車Ａ，Ｂの速さはそれぞれ次のように、秒速に直します。

ワンポイントアドバイス
One Point
Advice

旅人算で「2人の間の距離」に当たるのが通過算では「両者の長さの和」になるのが、違うところだね。
通過算は電車に「長さ」があるのが特徴だから、電車でも長さが無視できるときは「人」と変わらないので、旅人算に当たるんだよ！

電車A　時速48km ＝ 時速48000m

$$= 秒速 \frac{48000}{60 \times 60} \, m$$

$$= 秒速 \frac{40}{3} \, m$$

電車B　時速60km ＝ 時速60000m

$$= 秒速 \frac{60000}{60 \times 60} \, m$$

$$= 秒速 \frac{50}{3} \, m$$

　これより、電車Aの長さを x m として、すれ違いの公式から次の式が成り立ちます。

$$x + 80 = 6 \left(\frac{40}{3} + \frac{50}{3} \right)$$

　これを解いて、$x = 100$ となり、正解は肢2ですね。

正解 ②

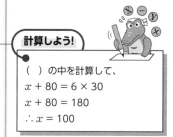

計算しよう！

（　）の中を計算して、
$x + 80 = 6 \times 30$
$x + 80 = 180$
$\therefore x = 100$

Exercise 39

　8両編成の普通列車が、長さ356mの鉄橋を渡り始めてから全ての車両が渡り終わるまでに25秒を要した。この普通列車が、普通列車の1.4倍の速さで走る12両編成の急行列車と完全にすれ違うまでに7.5秒を要したとき、車両1両の長さはどれか。ただし、車両1両の長さは全て同じであり、普通列車と急行列車は常に一定の速度で走っているものとする。　　　　特別区Ⅲ類 2019

1. 17 m
2. 18 m
3. 19 m
4. 20 m
5. 21 m

普通列車の速さを秒速 v m とすると、急行列車の速さは秒速 $1.4v$ m と表せます。また、車両 1 両の長さを L m とすると、普通列車の長さは 8L m、急行列車の長さは 12L m と表せます。

単位は秒とmに合わせよう!

これより、普通列車が、長さ 356 m の鉄橋を渡り始めてから渡り終わるまでに、普通列車が進んだ距離は、次の図でわかるように、356 ＋ 8L（m）となります。

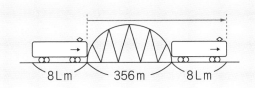

8Lm　356m　8Lm

普通列車はこの距離に 25 秒を要したので、次の式が成り立ちますね。

$$356 + 8L = 25v \quad \cdots ①$$

また、普通列車と急行列車がすれ違うのに 7.5 秒を要したことから、すれ違いの公式より、次の式が成り立ちます。

$$8L + 12L = 7.5(v + 1.4v) \quad \cdots ②$$

①，②を解いて、$v = 20$，L ＝ 18 が得られ、車両 1 両の長さは 18 m とわかり、正解は肢 2 です。

正解 **②**

計算しよう!

②より、
$20L = 7.5 \times 2.4v = 18v$
$\therefore L = \dfrac{18}{20}v = 0.9v$
①に、L ＝ $0.9v$ を代入して、
$356 + 8 \times 0.9v = 25v$
$356 + 7.2v = 25v$
$-17.8v = -356$
$\therefore v = 20$
L ＝ $0.9v$ に代入して、
L ＝ 18

下の図のようにある川の中に、A地点とB地点がある。静水面での速さが時速20kmの船でA地点とB地点を最短距離で往復したところ、行きに40分、帰りに1時間かかった。この川の流れの速さとして、最も妥当なのはどれか。

出典 東京消防庁Ⅲ類 2019

1．時速2km
2．時速3km
3．時速4km
4．時速5km
5．時速6km

「流水算の公式」から説明します。たとえば、<u>静水時の速さが分速300m</u>である船が、<u>流速が分速50m</u>の川を下るときは、1分間に船自身の力で300m進み、さらに川の流れによって50m流されるので、実際には350m進んでいることになり、逆に、上るときは反対方向に50m戻されるので、250mしか進めないことになります。

これより、次の公式が成り立ちます。

下りの速さ ＝ 静水時の速さ ＋ 流速
上りの速さ ＝ 静水時の速さ － 流速

また、これらの公式から、次のこともわかりますね。

静水時の速さ ＝ （下りの速さ＋上りの速さ）÷ 2
流速 ＝ （下りの速さ－上りの速さ）÷ 2

ちょっと補足

「静水時の速さ」とは、船などが流れのない水面上を進む速さ、つまり船自身の速さ。「流速」は川の流れの速さのこと！

公 式

流水算の公式
①下りの速さ
　＝静水時の速さ＋流速
②上りの速さ
　＝静水時の速さ－流速
③静水時の速さ＝（下りの速さ＋上りの速さ）÷ 2
④流速＝（下りの速さ－上りの速さ）÷ 2

では、公式を使って問題を解きましょう。ＡＢ間に
かかった時間の比は、行き：帰り＝ 40 分：1 時間＝
2：3 ですから、速さの比は 3：2 となります。

　すなわち、<u>下りの速さ：上りの速さ＝ 3：2</u> ですか
ら、川の流れの速さを時速 v km とすると、次のよう
な方程式が成り立ちます。

下りのほうが速いからね。

$$(20 + v) : (20 - v) = 3 : 2$$

計算しよう！

内項の積 ＝ 外項の積より、
$3(20 - v) = 2(20 + v)$
$60 - 3v = 40 + 2v$
$-5v = -20$
$\therefore v = 4$

　これを解いて、$v = 4$ となり、川の流れの速さは時
速 4km とわかります。

　よって、正解は肢 3 です。

正解 ③

Aさんは通勤の途中で、あるエスカレーターを使っている。このエスカレーターが動いているとき、Aさんが歩いて上ると、上りきるのに24秒かかり、Aさんが立ち止まって上ると、上りきるのに36秒かかる。

ある日、停電によりエスカレーターが動いていなかった。止まっているエスカレーターをAさんが歩いて上ったときに、上りきるのにかかる時間はいくらか。

ただし、エスカレーターが動く速さ、Aさんが歩く速さは一定で変わらないものとする。　　　　　　　　　　　　　📖 裁判所職員一般職 2012

1．28.8秒
2．48秒
3．60秒
4．72秒
5．84秒

エスカレーターの速さは「流速」、Aさんが歩く速さは「静水時の速さ」、エスカレーターを歩いて上る速さは「下りの速さ」と考えられます。

すなわち、このエスカレーターを上るのに、「下りの速さ」で24秒、「流速」で36秒かかることになりますね。これより、同じ距離にかかる時間の比が24：36＝2：3ですから、下りの速さ：流速＝3：2となり、流水算の公式から、流速：静水時の速さ＝2：1がわかります。

そうすると、流速と静水時の速さでかかる時間の比は1：2になりますから、静水時の速さでかかる時間は、流速でかかる36秒の2倍で、72秒とわかります。

よって、正解は肢4です。

正解 ④

ちょっと補足

エスカレーターが進んでいる方向に歩くんだから、上ってるけど、ここは「下りの速さ」だから間違えないように！ ちなみに、「上り」はエスカレーターを逆行すること。

ナットクいかない方はこちら

下りの速さを3、流速を2とすると、「静水時の速さ＋流速＝下りの速さ」より、
静水時の速さ ＋ 2 ＝ 3
∴静水時の速さ ＝ 3 － 2 ＝ 1
となるでしょ！　　　**?**

午前0時と正午に短針と長針が時計の文字盤の12の位置で正確に重なり、かつ、針が滑らかに回転し、誤差なく動いているアナログ式の時計がある。この時計の針が9時ちょうどを指した後、最初に短針と長針のなす角度が145度になる時刻として、正しいのはどれか。ただし、長針、短針とも針の太さは無視する。

出題 東京都Ⅲ類 2017

1．9時8分
2．9時9分
3．9時10分
4．9時11分
5．9時12分

時計の長針は、1時間で1回転しますので、60分で360°進みますから、1分間で進む角度は6°です。

また、短針は、12時間で1回転ですから、1時間で360°÷12＝30°進み、1分間で進む角度は0.5°となります。

ここで、9時過ぎで短針と長針のなす角が145°になる状態を図のように表し、このときの時刻を9時 x 分とします。

図の破線は9時00分の短針と長針の位置ですが、ここから、9時 x 分までの x 分間で、長針が進んだ角度は $6° \times x$ 分 ＝ $6x°$ で、図の①に当たります。同様に、短針が進んだ角度は $0.5x°$ で、図の②に当たりますね。

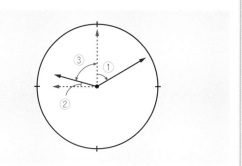

そうすると、図の③は、$90° - 0.5x°$ となり、①＋③＝145°より、次のような式が成り立ちます。

9時00分の短針と長針が作る角度は90°だからね。

$$6x + (90 - 0.5x) = 145$$

これを解いて、$x = 10$ となり、図の時刻は9時10分で、正解は肢3です。

正解

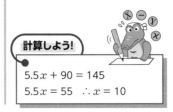

計算しよう！

$5.5x + 90 = 145$
$5.5x = 55$ ∴ $x = 10$

Exercise 41

A君が外出しようとして時計を見たところ、午前8時台であり、かつ時計の短針と長針のなす角度がちょうど 180° であった。A君が用事を済ませてその日の午後に帰宅したところ、その時計の短針は、外出した際に見た長針の位置とちょうど同じ位置にあった。A君が帰宅した時刻はいつか。　📖国家Ⅲ種 2005

1. 14 時 9 $\frac{1}{11}$ 分

2. 14 時 10 分

3. 14 時 10 $\frac{10}{11}$ 分

4. 14 時 38 $\frac{2}{11}$ 分

5. 14 時 40 $\frac{10}{11}$ 分

8時台で時計の短針と長針のなす角度が 180° になる時刻を8時 x 分として、前問同様に、8時00分から x 分間で進んだ角度を考えます。長針が進んだ角度は図1の①、短針が進んだ角度は②で、それぞれ、$6x°$，$0.5x°$ と表せますね。

図1

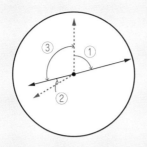

そうすると、図1の③は、120° − 0.5x° となり、
①＋③＝180°より、次のようになります。

$$6x + (120 - 0.5x) = 180$$

これを解いて、$x = 10\frac{10}{11}$ となり、図1の時刻は
8時 $10\frac{10}{11}$ 分とわかります。

そして、A君の帰宅時刻は、図1の長針の位置に
短針が来たときで、これは14時00分から短針が図
2の④の角度だけ進んだ時刻ですが、④の角度は②と
対項角で等しいですね。

図2

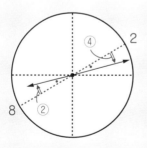

そして、その②は短針が $10\frac{10}{11}$ 分で進んだ角度で
すから14時00分からこれと同じ角度だけ進んだそ
の時刻は、14時 $10\frac{10}{11}$ 分となり、正解は肢3です。

正解 ③

8時00分の短針と長針
が作る角度は120°だね。

計算しよう!

5.5x = 60
11x = 120
∴ $x = \dfrac{120}{11} = 10\frac{10}{11}$

ちょっと補足

図のような関係の角で、等しく
なるよ。

MEMO

重要度

n進法・数列 ➡ 規則性を理解せよ!

★ 2進法など 10 進法以外の記数法の問題と、規則性を持って並ぶ数字の列である「数列」の問題を扱います。いずれも数の規則性を考える問題ですね。

★ 出題頻度はさほど高くはありませんが、パターンを覚えれば得点しやすい分野といえます。

パターン 32

3進法で表された 2 つの数、10 と 100 の積を 2 進法で表した数として、正しいものはどれか。

出典 ▶ 警視庁Ⅲ類 2005

1. 1000
2. 1010
3. 1100
4. 11000
5. 11011

まず、「n 進法」を説明します。わかっている方は読み飛ばしてください。

普段、私たちが使っている数の表し方は、10 で繰り上がる「10 進法」というシステムですね。

これに対して、2 で繰り上がるシステムが「2 進法」、3 で繰り上がるシステムが「3 進法」で、一般に「n 進法」といいます。

たとえば、5 で繰り上がる「5 進法」であれば、$0 \to 1 \to 2 \to 3 \to 4 \to 10 \to 11 \to \cdots \to 14 \to 20 \to 21 \to \cdots\cdots \to 44 \to 100\cdots$ というように、数が表されます。つまり、それぞれの位が 5 になったら次の位へ繰り上がるので、5 以上の数字は使いません。「0 ～ 4」の 5 つの数字ですべての数を表すことになります。

このように、n 進法は n で繰り上がりますから、n

未満の数字しか使わず、n 個の数字ですべての数を表すという特徴がわかりますね。

さて、n 進法の計算ですが、これは一般に、使い慣れた 10 進法の数字に直して計算します。

たとえば、10 進法の「1234」は、1000（＝10^3）× 1 ＋ 100（＝10^2）× 2 ＋ 10（＝10^1）× 3 ＋ 1（＝10^0）× 4 という値を持つように、たとえば 5 進法の「1234」は、

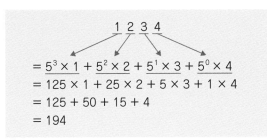

$$= 5^3 \times 1 + 5^2 \times 2 + 5^1 \times 3 + 5^0 \times 4$$
$$= 125 \times 1 + 25 \times 2 + 5 \times 3 + 1 \times 4$$
$$= 125 + 50 + 15 + 4$$
$$= 194$$

となり、これは 5 進法の「1234」が 10 進法で 194 の値を持つことを意味します。

このように、n 進法の数を 10 進法に変換するには、小さいほう（右のほう）の桁から、1 の位、n の位、n^2 の位…として、それぞれの値をその桁の数字に掛けて合計します。

また、10 進法の数を n 進法に変換するには、n で繰り上がるシステムに基づいて、順に n で割っていく方法をとります。たとえば、10 進法の 194 を 5 進法に変換するには、次のように順に 5 で割って、余りを出していきます。

```
5 ) 194
5 )  38 … 4
5 )   7 … 3
      1 … 2
```

最後の商である 1 から、矢印のとおりに余りを並べていけば、5 進法で「1234」と表せることがわかりますね。

では、これらを利用して本問を解きましょう。ま
ず、3 進法で表された 10 と 100 を、次のように 10
進法に変換します。

$$10_{(3)} = 3 \times 1 + 1 \times 0 = 3$$
$$100_{(3)} = 3^2 \times 1 + 3 \times 0 + 1 \times 0 = 9$$

（3）は 3 進法の表記とい
う意味ネ！

これより、その積は 3 × 9 = 27 ですから、これを
次のように 2 進法に変換します。

```
2 ) 27
2 ) 13  … 1 ↑
2 )  6  … 1 ┊
2 )  3  … 0 ┊
     1  … 1 ┘
```

よって、11011 と表され、肢 5 が正解とわかりま
すね。

正解 ⑤

Exercise 42

10 進法で表された 122 をN進法で表すと 233 になるとき、10 進法で表された数 x とそれをN進法で表した数 y の組合せとして、最も妥当なのはどれか。

■東京消防庁Ⅱ類 2012

10 進法		N進法
122	→	233

	10 進法		N進法
	x		y
1.	562	→	1432
2.	445	→	1210
3.	813	→	2265
4.	88	→	92
5.	1436	→	4132

まずは、優等生的な解法から紹介しましょう。

N 進法の 233 を 10 進法に変換する方法に従って式を立てます。小さいほうの桁から、一の位、N の位、N^2 の位ですから、それぞれの桁の数字を掛けて変換した数が 122 になることから、次のような方程式が立ちます。

$$2N^2 + 3N + 3 = 122$$

これを解いて、N = 7 となり、7 進法とわかります。しかし、2 次方程式を解くのはちょっと…、という方は、力ずくで解く方法もあります！ 10 進法の 122 を片っ端から〇進法に変換して 233 になるのを見つけるんですね。N 進法は N 以上の数字は使いませんから、「233」は 4 進法以上です。やってみましょう。

計算しよう！

122 を移項して、
$2N^2 + 3N - 119 = 0$
左辺を因数分解して、
$(2N + 17)(N - 7) = 0$
N > 0 より、N = 7

公式

展開と因数分解の公式
① $(x+a)(x+b)$
  $=x^2+(a+b)x+ab$
② $(a \pm b)^2$
  $=a^2 \pm 2ab+b^2$
③ $(a+b)(a-b)$
  $=a^2-b^2$
④ $(ax+c)(bx+d)$
  $=abx^2+(ad+bc)x+cd$

① 4進法に変換

```
4) 122
4)  30 … 2 ←×
4)   7 … 2
     1 … 3
```

② 5進法に変換

```
5) 122
5)  24 … 2 ←×
    4 … 4
```

③ 6進法に変換

```
6) 122
6)  20 … 2 ←×
    3 … 2
```

④ 7進法に変換

```
7) 122
7)  17 … 3
    2 … 3
```

ここで、7進法とわかります。

では、選択肢それぞれの x を 7 進法に変換してみましょう。

肢1

```
7) 562
7)  80 … 2
7)  11 … 3
     1 … 4
```

肢2

```
7) 445
7)  63 … 4
7)   9 … 0
     1 … 2
```

ここも、y と合致しないとわかった時点で作業はやめる！ 正解がわかったら、そこで終わり！

肢3

```
7) 813
7) 116 … 1
7)  16 … 4
     2 … 2
```

肢4

```
7)  88
7)  12 … 4
     1 … 5
```

ちょっと補足

肢 4 は「92」の時点で 7 進法ではないのでパスだよね。

肢5

```
7) 1436
7)  205 … 1
7)   29 … 2
      4 … 1
```

よって、正解は肢 1 です。

正解 ①

Exercise 43

1，2，3，24 をそれぞれ図のように表すと、x はいくつか。

出典 ▶ 東京消防庁Ⅲ類 2004

○ ○ ○ ○ ● 1
○ ○ ○ ● ○ 2
○ ○ ○ ● ● 3
● ● ○ ○ ○ 24

● ○ ● ○ ○ x

1. 19
2. 20
3. 21
4. 22
5. 23

○と●の2種類の記号で数を表しているので、2進法のシステムと推測できます。○と●のいずれかが0と1に対応することになりますが、数の大きさから考えると、○が0で●が1と見てよいでしょう。では、確かめてみます。

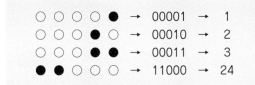

○ ○ ○ ○ ● → 00001 → 1
○ ○ ○ ● ○ → 00010 → 2
○ ○ ○ ● ● → 00011 → 3
● ● ○ ○ ○ → 11000 → 24

2進法の 1，10，11 が 10 進法でそれぞれ 1，2，3 なのは OK でしょう。11000 についても次のように 10 進法で 24 になることが確認できますね。

$$11000_{(2)} = 2^4 \times 1 + 2^3 \times 1 = 16 + 8 = 24$$

よって、x は次のように求められます。

ワンポイントアドバイス
One Point Advice

n 進法は n 種類の数字で数を表記することから、このように記号，暗号化されることがよくあるよ！
2種類なら2進法、3種類なら3進法…ってことだね。

●　○　●　○　○　→　10100

$$10100_{(2)} = 2^4 \times 1 + 2^2 \times 1 = 16 + 4 = 20$$

これより、$x = 20$ とわかり、正解は肢 2 ですね。

正解②

パターン 33

　　500 より小さい正の整数のうち、5 でも 6 でも割り切れる数の総和として、正しいのはどれか。　　　　出典 東京都Ⅲ類 2022

1. 3,990
2. 4,020
3. 4,050
4. 4,080
5. 4,110

---

　5 でも 6 でも割り切れる数は、5 と 6 の公倍数、つまり、最小公倍数 30 の倍数ですね。

　500 より小さい正の整数では、最小で 30 、最大では 30 × 16 = 480 までの 16 個で、これを並べると、30 ，60 ，90 ，…，480 と、30 間隔で並ぶ数字の列になります。

── 公式は次ページ

　このように、等間隔で並ぶ数字の列を「等差数列」といい、その総和は、初項（一番目の項）＝ 30 、末項（最後の項）＝ 480 、項数（数字の個数）＝ 16 を、公式に代入して、次のような計算で求められます。

 ちょっと補足

$$\frac{(30 + 480) \times 16}{2} = \frac{510 \times 16}{2} = 4080$$

よって、正解は肢 4 です。

正解④

次のように、両端の 30 と 480 、端から 2 番目の 60 と 450 、…と組み合わせると、いずれも 510 になるよね。

30＋60＋90＋…＋420＋450＋480

510

項数は 16 だから、足して 510 になる組が 16 ÷ 2 ＝ 8（組）あるので、$(30 + 480) \times \dfrac{16}{2}$ という計算になるんだよね。

Exercise 44

図のように、ある規則にしたがって、タイルを1列目から111列目まで並べて
ピラミッド形をつくるとき、タイルの枚数の合計として、正しいのはどれか。

東京都Ⅲ類 2005

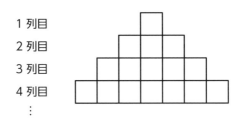

1列目
2列目
3列目
4列目
⋮

1. 11881 枚
2. 12099 枚
3. 12321 枚
4. 12543 枚
5. 12769 枚

1列目に1枚、2列目に3枚、3列目に5枚…と並
べるので、タイルの枚数1，3，5，7…は、2間隔
の数字が並ぶ等差数列です。

すなわち、タイルの枚数の合計は、この数列の
111項までの総和を求めればいいわけですから、公
式に代入しましょう。

初項は1ですが、末項である第111項は、初項の
1に2を110回足すことで求められますので、1 +
2 × 110 = 221となり、項数は111なので、総和
は次のようになりますね。

この「2」を「公差」と
いうんだ。

$$\frac{111(1 + 221)}{2} = \frac{111 \times 222}{2} = 12321$$

よって、正解は肢3とわかります。

正解 ③

公式

数列の公式
①等差数列の第 n 項
　⇒ 初項＋公差×$(n-1)$
②等差数列の n 項までの和
　⇒ $\dfrac{n(初項 + 末項)}{2}$

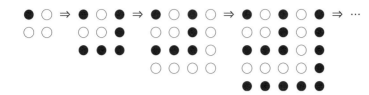

Exercise 45

下の図のように、黒と白の碁石を交互に追加して正方形の形に並べていき、最初に黒の碁石の総数が66になったときの正方形の一辺の碁石の数として、正しいのはどれか。　出典▶東京都Ⅲ類 2019

1. 7
2. 9
3. 11
4. 13
5. 15

　黒が追加されるのは<u>1辺の碁石の数が奇数になるとき</u>ですね。まず、追加される数を確認してみましょう。

　はじめに、1辺が1のところで黒が1個、1辺が3のところで黒が5個追加され、1辺が5のところでは9個が追加されています。その数の規則性を考えると、1→5→9と、<u>4ずつ増えていく等差数列</u>になると考えられますね。

　そうすると、その和が66になるところを探すのですが、選択肢を見ると、1辺が7～15のいずれかですから、先ほどの続きを次のように並べて確認しましょう。

ちょっと補足

1辺が1のところで黒、2のところで白、3のところで黒…、と交互に追加されるんだね。

ちょっと補足

1辺の数が2増えるから、碁石は縦、横に2ずつで計4個増えるんだね。

```
1辺の数→1  3  5  7   9  11  13  15
追加の黒→1  5  9  13  17  21  25  29
```

　1辺が7のところ（第4項）までの和は、等差数列の和の公式に代入して、

$$\frac{4(1 + 13)}{2} = 28$$

この程度なら、公式に入れなくてもいいかな!?

となり、66 はもう少し先ですね。そうすると、その次の第 5 項「17」ではまだ足りませんが、第 6 項の「21」までの和を確認すると、

$$28 + 17 + 21 = 66$$

となり、1 辺の数が 11 のところとわかります。
　よって、正解は肢 3 です。

正解 ③

正の奇数を次のような組に分けると、403 は何組目に含まれるか。

🏛️東京消防庁Ⅲ類 2004

(1)(3,5)(7,9,11)(13,15,17,19)…

1. 17
2. 18
3. 20
4. 21
5. 23

403 = 1 + 2 × 201 ですから、403 は 202 番目の正の奇数ですね。

では、202 番目を目指して、奇数を 1 個,2 個,3 個…と組分けをすることを考えましょう。選択肢を参考にすると、17 組目から候補になっていますので、まず、17 組目までにいくつの奇数が入っているか確認すると、1 個＋ 2 個＋ 3 個＋…＋ 17 個なので、次の計算で求められますね。

$$\frac{17(1 + 17)}{2} = \frac{17 \times 18}{2} = 153$$

これより、17 組目までで 153 個の奇数が入っていることがわかり、次の 18 組目には 18 個、19 組目には 19 個の奇数が入りますから、ここまでで、153 ＋ 18 ＋ 19 ＝ 190 個です。

ということは、次の 20 組目には 191 番目から 20 個、つまり 191 〜 210 番目の奇数が入りますので、202 番目の奇数はこの組に含まれることがわかります。

よって、正解は肢 3 ですね。

正解 ③

ナットクいかない方はこちら

はじめ 1 からみて 201 個先の奇数だから、202 番目ってこと。「等差数列の第 n 項」の公式に代入しても OK！

ワンポイントアドバイス
One Point Advice

こういうときは、x 組目とかおいて式を立てたりすると、面倒な計算になることが多いので、選択肢を利用できないかと考えてね。

　下の数字は4進法で表されており、かつ、ある規則に従って並んでいる。（　）に入る数字として、最も妥当なのはどれか。　　出典 **東京消防庁Ⅲ類 2020**

　23，30，32，101，111，122，（　　），213，……

1. 133
2. 200
3. 202
4. 203
5. 210

　4進法のままではわかりにくいので、まずは、10進法に変換しましょう。

$$23_{(4)} = 4 \times 2 + 1 \times 3 = 11$$
$$30_{(4)} = 4 \times 3 + 1 \times 0 = 12$$
$$32_{(4)} = 4 \times 3 + 1 \times 2 = 14$$
$$101_{(4)} = 4^2 \times 1 + 4 \times 0 + 1 \times 1 = 17$$
$$111_{(4)} = 4^2 \times 1 + 4 \times 1 + 1 \times 1 = 21$$
$$122_{(4)} = 4^2 \times 1 + 4 \times 2 + 1 \times 2 = 26$$
$$213_{(4)} = 4^2 \times 2 + 4 \times 1 + 1 \times 3 = 39$$

ワンポイントアドバイス
One Point Advice

本問は「4進法」って書いてくれてるけど、書いてくれてない問題もあるからね！
その場合は、0〜3の数字しか使われていないから、「4進法かな？」と推測するとこから始まるわけだ！

　ここで、改めて並べて規則性を調べると、隣どうしの間隔が、1，2，3，…と1ずつ増えているのがわかります。

11，12，14，17，21，26，（　），39，…
　　1　　2　　3　　4　　5

　これより、問題の（　）に入る数字は、26＋6＝32を4進法で表した数字なので、次のように変換します。

$$\begin{array}{r} 4\ \overline{)\ 32} \\ 4\ \overline{)\ \ 8}\ \cdots\ 0 \\ 2\ \cdots\ 0 \end{array}$$

よって、「200」となり、正解は肢 2 です。

正解 ②

次の数字はある規則性にしたがって並べられている。このとき 11 番目の数字はいくつか。　　出題 東京消防庁 III 類 2004

$$\frac{3}{4} \quad \frac{1}{3} \quad \frac{3}{16} \quad \frac{3}{25} \quad \frac{1}{12} \quad \frac{3}{49} \quad \cdots\cdots$$

1. $\dfrac{1}{48}$

2. $\dfrac{1}{96}$

3. $\dfrac{1}{144}$

4. $\dfrac{1}{192}$

5. $\dfrac{1}{288}$

　与えられた分数を見ると、分子は 1 と 3 のみですね。分母のほうはバラバラのようにも見えますが、4，16，25，49 といった平方数（整数の 2 乗の数）が多いのが特徴です。

　では、この特徴に基づいて、分母を次のように書き直してみましょう。

$$\frac{3}{2^2} \quad \frac{1}{3} \quad \frac{3}{4^2} \quad \frac{3}{5^2} \quad \frac{1}{12} \quad \frac{3}{7^2} \quad \cdots\cdots$$

ここで、分母の規則性に着目すると、第2項と第5項の分母も、3^2と6^2であれば平方数がきれいに並ぶのですが、それぞれの分母はその$\frac{1}{3}$の数値です。しかしここで、この2つの分数だけが、分子が1であることを考えると、分子、分母とも3倍すれば、分子はすべて3となり、次のように規則性が判明します。

$$\frac{3}{2^2} \quad \frac{3}{3^2} \quad \frac{3}{4^2} \quad \frac{3}{5^2} \quad \frac{3}{6^2} \quad \frac{3}{7^2} \quad \cdots\cdots$$

$\frac{3}{9}$と$\frac{3}{36}$は約分されて、それぞれ$\frac{1}{3}$と$\frac{1}{12}$になっていたことがわかりますね。

よって、11番目の数字の分母は$12^2 = 144$、分子は3ですから、$\frac{3}{144} = \frac{1}{48}$とわかり、正解は肢1です。

正解 ①

ナットクいかない方はこちら

初項の分母は2^2だから、ここから10項先なので、$(2 + 10)^2 = 12^2$だよ。 ?

覆面算・魔方陣 ➡ 数を埋めろ！

ガイダンス

★計算式や図表中の数字を推理する問題で、算数の要素が強いですね。

★出題頻度はあまり高くはありませんが、魔方陣の規則性は覚えておきましょう。

パターン 35

下の計算式において、A〜Gには、1〜9のいずれか異なる数が該当する。F に該当する数として正しいものはどれか。　　　　　　　🏛 裁判所職員一般職 2022

```
        A  A
     ×  B  A
     ─────────
        B  C  A
   D  C  E
   ─────────────
   F  B  G  A
```

1. 2
2. 3
3. 4
4. 5
5. 6

　まず、一の位どうしの積について、A×Aの一の位がAになることに着目します。1〜9のうち、このような数は、1×1＝1、5×5＝25、6×6＝36の3通りですが、A＝1の場合、「AA×A」は11×1＝11となり、「AA×A＝BCA」の計算と矛盾します。

　また、A＝5の場合、「AA×A＝BCA」は55×5＝275となり、B＝2，C＝7となりますが、この場合、「AA×B」は55×2＝110となり、「AA×B＝DCE」の計算と矛盾します。

　よって、A＝6に決まり、「AA×A＝BCA」は、

66 × 6 ＝ 396 となり、B ＝ 3，C ＝ 9 とわかります。

　これより、「A A × B ＝ D C E」は、66 × 3 ＝
198 となり、D ＝ 1，E ＝ 8 とわかり、次のような
計算式となります。

```
          6   6
    ×     3   6
    ─────────────
          3   9   6
      1   9   8
    ─────────────
      2   3   7   6
```

　よって、F ＝ 2，G ＝ 7 となり、正解は肢 1 です。

正解①

次の計算式において、a，b，cの各文字には 1 ～ 9 のいずれかの数字が入り、同じ文字には同じ数字が、また異なる文字には異なる数字が入る。このとき、a に入る数字はどれか。

海上保安大学校等 1999

$$
\begin{array}{cccc}
 & a & a & b \\
 & a & c & a \\
+ & b & c & a \\
\hline
1 & 9 & 9 & 9 \\
\end{array}
$$

1. 5
2. 6
3. 7
4. 8
5. 9

一の位の和から、$b + a + a$ の一の位は 9 とわかりますね。

ここで、百の位に着目すると、$a + a + b$ で、一の位と同じですから、ここの一の位も 9 なので、十の位からの繰り上がりはないことがわかります。

ここがポイント！

よって、$a + a + b = 19$…①となり、一の位の和も 19 ですから、十の位へ繰り上がりが 1 あることになりますので、十の位について、$a + c + c = 8$…②とわかります。

では、②について、<u>$a + 2c = 8$ で、$2c$ は 2 以上の偶数なので、a は 6 以下の偶数</u>ですね。

しかし①より、$2a + b = 19$ で、b は 9 以下ですから、$2a$ は 10 以上なので、a は 5 以上になります。

よって、①、②の条件を満たす a は 6 のみで、$a = 6$ を①に代入して、$b = 7$、②に代入して、$c = 1$ がわかり、次のような計算であったことがわかります。

ナットクいかない方はこちら

$a = 8 - 2c$ で、8 も $2c$ も偶数だから、偶数－偶数＝偶数でしょ！

また、$c \geqq 1$ なので、$2c \geqq 2$ より、$a \leqq 6$ になるよね！

```
      6  6  7
      6  1  6
   +  7  1  6
   ─────────────
   1  9  9  9
```

これより、正解は肢2ですね。

正解②

Exercise 49

式中の◎にはいる5つの数の和はどれか。　　　警視庁Ⅲ類 2005

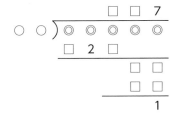

1. 23
2. 24
3. 25
4. 26
5. 27

図1のように、A～Hとします。

図1

```
            C  D  7
        ──────────────
  A  B ) ◎  ◎  ◎  ◎  ◎
        E  2  F
        ──────────
              □  □
           G  H
        ──────────
                 1
```

まず、ＡＢ×Ｃ＝Ｅ２Ｆ…①、ＡＢ×７＝ＧＨ…
②で、ＡＢ×Ｄに当たる段がありませんので、Ｄ＝０
ですね。

次に、②に着目してください。ＡＢは２桁の数で
すが、７倍しても２桁なので、最小で $10 \times 7 =$
70、最大で $14 \times 7 = 98$ となり、ＡＢは 10 から
14 のいずれかです。

さらに、①について考えると、ＡＢ×Ｃは 120 以
上の数になり、Ｃは最大でも９なので、<u>これを満た
すのは、$14 \times 9 = 126$ しかありません。</u>

これより、ＡＢは 14、Ｃは９とわかり、この計算
は図２のように決まりますね。

ナットクいかない方はこちら

ＡＢが 13 以下だと、最大でも
$13 \times 9 = 117$ で、120
以上にはならないでしょ！

図２

```
                9 0 7
      1 4 ) 1 2 6 9 9
            1 2 6
                  9 9
                  9 8
                      1
```

よって、◎に入る５つの数の和は、$1 + 2 + 6 +$
$9 + 9 = 27$ となり、正解は肢５です。

正解 ⑤

144

図において、各ますには 1 から 16 までの整数を重複なしに入れ、縦に加えても、横に加えても、対角線に沿って加えても、その 4 つの数の和がすべて等しくなるようにしたい。A と B のますに入る数の差はいくつになるか。

出題 刑務官 2000

1	15	A	
12			B
	10		5
	3		16

1. 2
2. 3
3. 4
4. 5
5. 6

【解法 1】

16 のますに入る数の合計は、1 から 16 の総和です。これを 4 等分することで、1 列当たりの 4 つの数の和を次のように求めましょう。

133 ページ「等差数列の n 項までの和」の公式参照。

$$\frac{16(1+16)}{2} \times \frac{1}{4} = 34$$

これより、縦，横，対角線のそれぞれ 4 つの数の和は、いずれも等しく 34 になることがわかり、図 1 の①～⑤の数が順に求められます。

図1

1	15	A	
12	①		B
③	10	②	5
④	3	⑤	16

① ＝ 34 － (15 ＋ 10 ＋ 3) ＝ 6　←縦の列より
② ＝ 34 － (1 ＋ 6 ＋ 16) ＝ 11　←対角線より
③ ＝ 34 － (10 ＋ 11 ＋ 5) ＝ 8　←横の列より
④ ＝ 34 － (1 ＋ 12 ＋ 8) ＝ 13　←縦の列より
⑤ ＝ 34 － (13 ＋ 3 ＋ 16) ＝ 2　←横の列より

ワンポイントアドバイス
One Point
Advice

「魔方陣」といわれる図だよ。本問のように、1列の和が与えられていないときは、まず、このように1列の和を求めて、引き算で出るところは、求めてしまおう！

　さて、これ以上は34からの引き算で求めることはできませんね。ここで残る4ますを、図2のようにA～Dとします。

図2

1	15	A	C
12	6	D	B
8	10	11	5
13	3	2	16

　図2より、A＋C＝34 － (1 ＋ 15) ＝ 18，A＋D＝34 － (11 ＋ 2) ＝ 21 になりますが、1～16のうち、まだ使われていない数を挙げると、4，7，9，14の4つです。
　このうち、和が18になる2数は4と14のみ、21になるのは7と14のみですから、共通する14がAになりますね。これより、A＝14，C＝4，D＝7，B＝9とわかります。
　よって、AとBの差は、14 － 9 ＝ 5 となり、正解は肢4です。

数字が限定されてるのを、忘れないでね！

【解法2】
　本問のような、4×4，5×5などの表で、縦，

146

横，対角線それぞれの和が等しくなるという「魔方陣」は、中央から対称な位置にある２ますの和がいずれも等しく、最小の数＋最大の数（本問では１＋16 = 17）になるように作られているケースが多いです。

本問では、図３の１と16、12と５が、それぞれ対称な位置にあり、この規則に従っていることが期待できます。

図３

1	15	A	
12			B
	10		5
	3		16

では、他のますも同じ規則で、数字を入れて確認しましょう。図４のように、15，10，3と対称な位置に、それぞれ２，７，14を入れ、残るところを各列の和が34になるように求めると、図５のように完成し、この規則に従っていたことがわかりますね。

図４

1	15	14	
12		7	B
	10		5
	3	2	16

図５

1	15	14	4
12	6	7	9
8	10	11	5
13	3	2	16

もっとも、この規則に従わない魔方陣もありますので、その場合は【解法１】の要領で解いてください。

正解 ④

ワンポイントアドバイス
One Point Advice

あくまでも、「多い」というだけで、「必ず」ではないので注意してね！
ちなみに、３×３の場合は必ずこの規則に従っているので、そのつもりで解いてね。

ちょっと補足

対称な位置の和がすべて17になることを期待して数を入れていくので、同じ数を２度使うなど、条件に反するところがないかを確認しながら入れていくんだよ！

残る数を当てはめてもOK！

1 ～ 16 の整数全てを用いて表を作成した。この表の各行及び列の数字の和が全て等しいとき、表中の㋐～㋔に当てはまる数字の組合せとして正しいのはどれか。

出典 国家一般職 2012

㋐	2	3	㋑
5	㋔	10	8
9	7	㋕	12
㋒	14	15	㋓

	㋐	㋑	㋒	㋓
1.	11	13	4	6
2.	13	11	6	4
3.	13	16	4	1
4.	16	13	1	4
5.	16	13	4	1

前問と同様で、1 列当たりの和は、1 ～ 16 の総和を 4 で割った 34 になります。

そうすると、まず、一番上の行について、ア＋2＋3＋イ＝34 より、ア＋イ＝29 ですから、ここで選択肢を確認すると、肢 3 ～ 5 に絞られます。

同様に、一番左の列について、ア＋ウ＝20 より、肢 5 に決まりますね。

これより、肢 5 の数字を表に記入し、さらに、オとカについても、34 から同じ行または列の数字を引いて求めると、次のように完成します。

16	2	3	13
5	11	10	8
9	7	6	12
4	14	15	1

ちょっと補足

本問は、対角線も同じとはいわれてないけど、結局、対角線の和も 34 になってるし、前問の【解法 2】の規則に従っているよね。

よって、正解は肢 5 です。

正解

次の表の縦 3 組、横 3 組、対角線 2 組の各組の 3 個の正の整数の積は、すべて等しくなる。このとき、B に入る数として、最も妥当なのはどれか。

出典 警視庁Ⅲ類 2017

A	36	D
9	B	4
12	E	C

1. 2
2. 3
3. 6
4. 16
5. 18

本問は、積が等しくなるわけですが、1 列当たりの積がわかりませんので、とりあえず、わかるところから埋めましょう。

今回は、3 × 3 ですね。そうすると、真ん中の B は、表 1 の①〜④の 4 組に共通しますので、まずはここに着目します。

 表 1

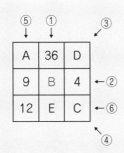

①～④の積が等しいので、次のようになりますね。

$$\begin{array}{cccc} ① & ② & ③ & ④ \end{array}$$
$$36 \times B \times E = 9 \times B \times 4 = D \times B \times 12 = A \times B \times C$$

さらに、各辺をBで割って、次のように求められます。

①～④は等しく、$B \neq 0$ だから、すべての辺をBで割ってOK！

$$36E = 36 = 12D = AC$$
$$\therefore E = 1, \quad D = 3$$

上の式より、$AC = 36$ がわかりましたので、AとCに着目すると、表1の⑤と⑥の積が等しいことから、次のようになります。

$E = 1$ だからね。

$$A \times 9 \times 12 = 12 \times 1 \times C$$
両辺を12で割って、$9A = C$
$AC = 36$ に代入して、$A \times 9A = 36$
両辺を9で割って、$A^2 = 4$ $\quad \therefore A = 2$
$C = 9A$ に代入して、$C = 18$

ここまでを記入して、表2を得ます。

表2

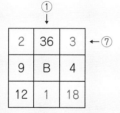

ちょっと補足

各組の積は、⑦を計算すると、$2 \times 36 \times 3 = 216$ とわかる！もちろん、これを出す必要はないけどね。

これより、たとえば、表2の①と⑦の積について、

$$36 \times B \times 1 = 2 \times 36 \times 3$$
両辺を36で割って、$B = 6$

となり、正解は肢3です。

正解③

MEMO

場合の数 ➡ 解きまくれ!

重要度

ガイダンス 🖊

★「何通りあるか」を求める問題で、樹形図や公式による計算などで解きます。

★出題頻度はけっこう高く、また、確率の計算の基礎となるところです。多くの問題をこなして、基本をしっかり固めましょう。

パターン 37

1 から 9 までのトランプカードがそれぞれ 1 枚ずつある。この中から 4 枚取り出して、その数字の合計が 21 になるカードの組合せは全部で何通りか。

 海上保安大学校等 2002

1. 5 通り
2. 7 通り
3. 9 通り
4. 11 通り
5. 13 通り

まず、1 枚目に 1 のカードを取り、2 枚目に 2 のカードを取るとしましょう。ここで合計 3 ですから、残る 2 枚で 21 − 3 = 18 ですね。しかし、最大で 8 + 9 = 17 ですから、1 と 2 を取る組合せはありません。1 と 3 を取れば、(1, 3, 8, 9) で 21 になりますね。1 と 4 を取るときは、残り 2 枚で 16 なので、7 と 9 で合計 21 になります。

このような要領で、小さい数から 1 枚目→2 枚目を基準に、残る 2 枚の和を考えながら、4 枚のカードの組合せを次のような「樹形図」を描いて調べましょう。

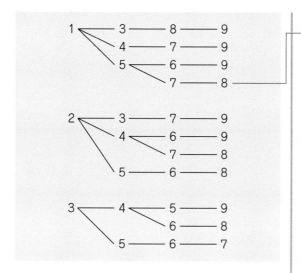

これより、全部で 11 通りの組合せがあることがわかります。正解は肢 4 ですね。

正解 ④

このまま続けて、(1, 6, 5, 9) とかもカウントしないようにね。これは (1, 5, 6, 9) でカウント済みでしょ！
小さい数→大きい数になるように、樹形図を描いていこうね。

ワンポイントアドバイス
One Point
Advice

解説では、小さい数から決めたけど、大きいほうからでも OK！
基準を決めて、重複のないように数えよう！

Exercise 52

文房具店で買物をし、千円紙幣 2 枚、五百円硬貨 4 枚、百円硬貨 6 枚、五十円硬貨 8 枚のうち、いずれかを組み合わせて、ちょうど 2,200 円を支払うとき、紙幣及び硬貨の組合せは全部で何通りあるか。　　　　　🏛東京都Ⅲ類 2016

1．15 通り
2．16 通り
3．17 通り
4．18 通り
5．19 通り

千円紙幣→五百円硬貨→百円硬貨→五十円硬貨の順で、樹形図を描きながら、2,200 円の組合せを考えます。

まず、千円紙幣が 2 枚の場合、あと 200 円ですから、五百円硬貨は 0 枚で、百円硬貨と五十円硬貨の組合せは次の 3 通りとなります。ここで、この「200円」となる 3 通りを①とします。

ワンポイントアドバイス
One Point Advice

金額の大きい千円紙幣の枚数が大きいほうから調べよう！　残りの金額が少ないほうが考えやすいからね。

次に、千円紙幣が 1 枚の場合、あと 1,200 円ですから、五百円硬貨は 2 枚までですね。五百円硬貨 2 枚の場合、あと 200 円なので、百円硬貨と五十円硬貨の組合せは①の 3 通りです。五百円硬貨 1 枚の場合は、あと 700 円で、次の 4 通りとなり、この「700円」の 4 通りを②とします。五百円硬貨 0 枚の場合、あと 1,200 円ですが、百円硬貨は 6 枚、五十円硬貨は 8 枚の合計は、100 × 6 + 50 × 8 = 1000（円）ですから、1,200 円になる組合せはありませんので、千円紙幣 1 枚の場合は、次の 7 通りとなります。

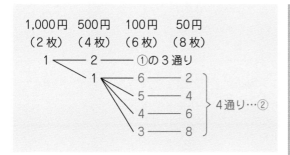

　同様に、千円紙幣が0枚の場合について、五百円硬貨4枚の場合はあと200円ですから、①の3通り、五百円硬貨3枚の場合は、あと700円ですから、②の4通り、五百円硬貨2枚以下だと、やはり残りの金額の組合せがなく、次の7通りとなります。

```
1,000円   500円    100円    50円
（2枚）  （4枚）  （6枚）  （8枚）
  0 ————— 4 ———①の3通り
          3 ———②の4通り
```

　よって、全部で、3 ＋ 7 ＋ 7 ＝ 17（通り）で、正解は肢3です。

正解 ③ 🖋

パターン 38

　0，1，2，3，4の数字の書かれたカードがそれぞれ1枚ずつある。これら5枚のカードから4枚を取り出して作る4桁の整数のうち、2000以上でかつ5で割り切れるものは全部で何通りあるか。　　🏛 国家Ⅲ種 2004

1．16通り
2．18通り
3．20通り
4．22通り
5．24通り

5で割り切れるには一の位は0か5ですから、0に決まります。また、2000以上ですから、千の位は2，3，4のいずれかですね。

　百の位と十の位には、残る数字のいずれでもよく、千の位にいずれの数字を使った場合でも、3つの数字が残っていますから、まず百の位に使う数字の決め方が3通り、十の位にはその残りの2通りがそれぞれ使えますので、次のような計算で求められます。

（千の位）（百の位）（十の位）（一の位）
　　3　×　　3　×　　2　×　　1 ─── 一の位は「0」の1通り！

　これを計算して、18通りとわかり、正解は肢2です。

　ここで、公式を1つ確認します。本問で百の位と十の位に使う数字を決めるのに、3×2という計算をしたわけですが、これは「異なる3つの数字から2つを順に並べる方法」になります。
　同様に「異なる5つから3つを並べる方法」であれば、5×4×3という計算で求められることもわかりますね。

百の位→十の位と並べるということ。

　このような「異なるn個からr個を並べる方法」を「異なるn個からr個を取る順列」といい、「$_nP_r$」と表します。計算方法は、本問の例でわかるように、nから順に1ずつ減らしながらr個の整数を掛けて計算します。
　ちなみに「並べる」というのは、「1個目、2個目…」のように、固定したポジションに置いていくと考えてください。たとえば、10人の部員から主将と副将を決めるときも、はじめに主将を決めて、残る9人から副将を決めるわけですから、$_{10}P_2 = 10 \times 9 = 90$（通り）と計算できるわけです。

ナットクいかない方はこちら

1個目は5個から選ぶ5通り、2個目は残り4個から選ぶ方法で、はじめの5通りのそれぞれについて4通りずつあり、ここまでで5×4（通り）、3個目は残りが3通りずつあるので、さらに3を掛けて…ってことだよ。

正解②

1〜9の異なる数字が一つずつ記載された9枚のカードから5枚選んだ後、左右に並べて5桁の数を作る。このとき、偶数が記載されたカードが1枚だけ並ぶような5桁の数はいくつあるか。　　　　海上保安学校（特別）2013

1．480
2．1200
3．1440
4．2400
5．4800

5枚のカードの選び方から考えます。1〜9のカードで、偶数は2，4，6，8の4枚ですから、ここから1枚を選ぶ方法は4通りです。そうすると、残り5枚は奇数で、ここから4枚を選ぶ方法は5通りで、5枚のカードの選び方は、4×5＝20（通り）ありますね。

では、その中の1通りについて、さらに、これらを並べて5桁の数を作る方法を考えると、次のようになります。

> **ナットクいかない方はこちら**
>
> 5枚のうち4枚を使うんだから、使わない1枚を選ぶ方法を考えると、5通りとわかるね。

（万の位）（千の位）（百の位）（十の位）（一の位）
　5　×　4　×　3　×　2　×　1

これを計算して、120通りとなりますが、これは、先に確認した20通りのどのカードの組合せでも同じですから、このような5桁の数は、20×120＝2400（通り）あり、正解は肢4です。

また、ここでもう1つ、公式の確認です。上のように、異なる5つの数字を並べる場合は、5から始めて1まですべて掛けますが、このような計算を「5！」と表し、「5の階乗」と呼びます。

> **公式**
>
> **順列の公式**
> ①異なるn個を並べる方法
> $\Rightarrow n!$
> $= n(n-1)(n-2)\cdots\times1$
> ②異なるn個からr個を並べる方法
> $\Rightarrow {}_nP_r$
> $= \underbrace{n(n-1)(n-2)\cdots}_{r個}$

正解 ④

Exercise 54

0 ～ 3 までの数字が 1 字ずつ書かれた札が全部で 5 枚ある。その内訳は ⓪，⓵，⓶ がそれぞれ 1 枚ずつ，⓷ が 2 枚である。この 5 枚から 3 枚を選んで 3 桁の整数をつくるとき、できる整数は何通りか。　🔸海上保安大学校等 2022

1．26 通り

2．28 通り

3．33 通り

4．40 通り

5．48 通り

---

3 の札だけ 2 枚ありますので、3 を 2 枚選ぶ場合と、そうでない場合に分けて考えます。

Ⅰ）3 の札を 2 枚選ぶ場合

3 を 2 枚と、もう 1 枚は 0，1，2 のいずれかを選ぶことになります。

では、これらを並べて 3 桁の整数を作りますが、まず、3 を 2 枚と 1 を選んだ場合、作ることができる整数は、次の 3 通りです。

133　　　313　　　331

 ──「1」をどこに置くかを考えればいいね。

同様に、2 を選んだ場合も 3 通りですが、0 を選んだ場合は、「033」は 3 桁の整数になりませんので、「303」「330」の 2 通りだけですね。

これより、この場合の整数の作り方は、

3 ＋ 3 ＋ 2 ＝ 8（通り）　…①

となります。

Ⅱ）3 の札を 2 枚選ばない場合

3 の札を 2 枚選ばないのであれば、他の札と同じ条件になります。

そうすると、0，1，2，3 の 4 枚から 3 枚を並べて 3 桁の整数を作る方法を考えることになりますね。

まず、百の位には 0 は使えませんので、1，2，3

ちょっと補足

1 枚しかないと同じだからね。

の3通りですが、十の位と一の位には残る3枚のカードから2枚を並べればいいので、$_3P_2 = 3 \times 2 = 6$（通り）となります。

　これより、百の位の3通りのそれぞれに対して、十の位と一の位の選び方が6通りずつありますので、その方法は、

$$3 \times 6 = 18 （通り）　\cdots②$$

となります。

　よって、①，②の方法があり、合わせて、

$$8 + 18 = 26 （通り）$$

となり、正解は肢1です。

　ここで、法則の確認です。

　②の計算でわかるように、「百の位を選びさらに十の位と一の位を選ぶ」というときは、「積の法則」に従って、それぞれの場合の数を掛け算して求めることになります。

　また、最後の足し算ですが、これは「①または②のような方法」なので、「和の法則」に従って足し算をしたことになります。

正解 ①

これまでにも、掛け算する場面はあったよね。

ワンポイントアドバイス
One Point Advice

そんなに難しいこと考えなくたって、掛ければいいとか、足せばいいとか、感覚でわかればそれでOK！

　A，B2つの野球チームがシリーズ優勝を決めるため対戦をすることとなった。シリーズ優勝は7試合中先に4勝したチームのものとなる。いま、第1戦が終了しBチームが勝利した。この場合、A，Bチームが優勝するパターンはそれぞれ何通りあるか、正しく組み合わせているのはどれか。

　ただし、引き分けはないものとする。　　　　国家 海上保安大学校等 2000

	A	B
1.	15通り	20通り
2.	17通り	25通り
3.	20通り	30通り
4.	21通り	35通り
5.	22通り	42通り

　まず、「組合せ」の公式を確認しましょう。

わかっている人は読み飛ばしてね！

　たとえば、$a \sim g$ の7文字から3文字を選ぶ方法を考えます。まず1つ目にどれを選ぶかで7通り、2つ目は6通り…と3文字を選ぶのに、$7 \times 6 \times 5 = 210$（通り）で、これは $_7P_3$ の計算ですね。

　しかし、これは順番を決めて選んでおり、たとえば、(a, b, c) と (a, c, b) は順番が違いますから、別の方法として数えられています。しかし、「選ぶ」だけであれば、両者とも「a と b と c」の3文字で同じ組合せと考えられます。他にもこれと同じ3文字で、並ぶ順番だけが異なっているものを数えると、$a，b，c$ の3文字を並べる方法で、$3！ = 3 \times 2 \times 1 = 6$（通り）あり、これは他の3文字の組合せも同様ですから、$210 \div 6 = 35$（通り）の組合せしかないことがわかります。

ナットクいかない方はこちら

次の6通りが同じ組合せになるよね。
(a, b, c) (a, c, b)
(b, a, c) (b, c, a)
(c, a, b) (c, b, a)

　このように、「並べる」のではなく「選ぶ」だけ、つまり順番はどうでもいいというのが、「組合せ」で、異なる n 個から r 個を選ぶ組合せは、「$_nC_r$」と表し、$\dfrac{_nP_r}{r！}$ で計算します。

ワンポイントアドバイス
One Point Advice

順番が違ったら別のものと数えるのが「順列」、順番が違っても同じものと数えるのが「組合せ」だからね。

　では、これを使って本問を解きましょう。

　第1戦はBチームが勝利しているので、Bチームはあと3勝で優勝できますから、まずBチームの優勝パターンを数えます。

残る第2戦から第7戦までの6試合中のいずれか
で3勝すればいいので、勝利する3試合の組合せを
次のように計算します。

$$_6C_3 = \frac{_6P_3}{3!} = \frac{6 \times 5 \times 4}{3 \times 2 \times 1} = 20 \text{（通り）}$$

よって、Bチームの優勝パターンは20通りですね。
同様にAチームは、残る6試合中4勝せねばなり
ませんから、$_6C_4$の計算になりますが、6試合から4
試合を選ぶということは、2試合を除くということで
もありますから、除く2試合の組合せを次のように
求めます。

$$_6C_2 = \frac{_6P_2}{2!} = \frac{6 \times 5}{2 \times 1} = 15 \text{（通り）}$$

よって、Aチームの優勝パターンは15通りで、正
解は肢1ですね。

 正解 ①

公 式

組合せの公式
異なるn個からr個を選ぶ
方法
$\Rightarrow _nC_r = \frac{_nP_r}{r!}$

✂ ここで
選択肢を斬る！

肢1に決まるね。

ナットクいかない方はこちら

次のように、同じになるのがわ
かるね。
$$_6C_4 = \frac{_6P_4}{4!} = \frac{6 \times 5 \times \cancel{4} \times \cancel{3}}{\cancel{4} \times \cancel{3} \times 2 \times 1}$$
選ぶ個数より、除く個数が少な
ければ、少ないほうを計算
したほうがラクでしょ！

　ある行政機関に男3人，女7人の合わせて10人の職員がいる。窓口業務に3人をつける必要があり，そのうちの1人は必ず女性でなければならないという。同じ3人のグループで1週間ずつ窓口を担当するものとすると，異なる3人のグループで何週間窓口業務を担当することができるか。

　なお，3人のうち少なくとも1人が異なれば，異なる3人のグループとして数えるものとする。　　　　　　　　　　　　　　　出題 海上保安大学校等 1998

1．34週間
2．84週間
3．119週間
4．252週間
5．504週間

【解法1】

　3人のうち1人は必ず女性ということですから、女性を何人含むかで場合分けして、それぞれのグループの作り方を数えます。

Ⅰ）女性のみ3人のグループ

　7人の女性から3人を選ぶ方法で、次の計算で求められます。

$$_7C_3 = \frac{7 \times 6 \times 5}{3 \times 2 \times 1} = 35（通り）\quad \cdots ①$$

Ⅱ）女性2人、男性1人のグループ

　7人の女性から、2人を選ぶ方法は、

$$_7C_2 = \frac{7 \times 6}{2 \times 1} = 21（通り）$$

となり、さらに、3人の男性から1人を選ぶ方法は$_3C_1$通りですが、これは明らかに3通りですね。

　ということは、女性2人の選び方21通りのそれぞれについて、男性1人の選び方が3通りずつあることになりますから、その方法は、

$$21 \times 3 = 63 \text{（通り）} \quad \cdots ②$$

あることになります。

Ⅲ）女性1人、男性2人のグループ

　7人の女性から1人を選ぶ方法は7通り、3人の男性から2人を選ぶ方法は、1人を除く方法と同じで3通りなので、

$$7 \times 3 = 21 \text{（通り）} \quad \cdots ③$$

となります。

　よって、①，②，③の方法があり、合わせて、

$$35 + 63 + 21 = 119 \text{（通り）}$$

となります。

　以上より、グループの作り方が119通りあるので、119週間の窓口業務ができることがわかり、正解は肢3です。

【解法2】

　まず、男女合わせた10人から3人を選ぶ方法を計算すると、

$$_{10}\mathrm{C}_3 = \frac{10 \times 9 \times 8}{3 \times 2 \times 1} = 120 \text{（通り）}$$

となりますが、この中には男性のみの組合せも含まれています。

　しかし、男性は3人ですから、男性のみのグループは1通りしかありませんので、残る120 − 1 = 119（通り）の組合せについては，少なくとも1人は女性が含まれることになりますね。

正解 ③

「少なくとも1人は女性」を否定すると「全員男性」なので、こっちを数えて全体から引いてもいいよね。
OKなほうを直接数えるか（解法1）、NGのほうを数えて全体から引くか（解法2）、カンタンなほうを選ぼう！

Exercise 56

100 円硬貨が 10 枚ある。これを 3 人の子供に分ける分け方は全部で何通りあるか。ただし、どの子供にも少なくとも 1 枚は配分するとする。

出典 警視庁Ⅲ類 2005

1. 32 通り
2. 34 通り
3. 36 通り
4. 38 通り
5. 40 通り

【解法 1】

3 人の子供を A ～ C とします。100 円硬貨 10 枚を横 1 列に並べて、A から順に左のほうから硬貨を取っていくとしましょう。

たとえば、A が 3 枚取り、残りから B が 5 枚取り、残った 2 枚を C が取る様子を図 1 のように表すことにします。

図 1

つまり、左から A ／ B ／ C というように、A と B、B と C を分ける 2 本の境界線を、○と○の間に入れる方法を考えることで、硬貨の分け方が求められますね。

そうすると、境界線を入れる場所を確認すると、硬貨は 10 枚でその間ですから、図 2 のように①～⑨の 9 カ所となり、ここから 2 カ所を選べばいいことがわかります。

ちょっと補足

入れる場所を 2 カ所選ぶだけで、必然的に、左から A → B → C と決まるからね。

図 2

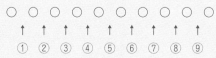

よって、次の計算で求められますね。

$$_9C_2 = \frac{9 \times 8}{2 \times 1} = 36 \text{（通り）}$$

これより、正解は肢 3 となります。

また、本問はどの子供にも 1 枚は配分するということでしたが、仮に 1 枚も配分しない子供がいても可という場合は、計算が違ってきます。

たとえば、A が 1 枚ももらわないとすると、A と B の境界線は、図 3 の①に、C が 1 枚ももらわないとすると、B と C の境界線は⑪に入りますので、このような両端を含めた 11 カ所に入れる方法があることになります。

図 3

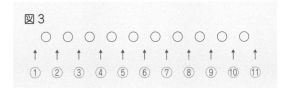

また、B が 1 枚ももらわないとすると、A と B の境界線のすぐ後に B と C の境界線が入ることになり、たとえば図 4 のように、同じ場所に 2 本の境界線を入れることになります。

図 4

A   B   C

○ ○ ○ ○//○ ○ ○ ○ ○ ○

よって、11 カ所から異なる 2 カ所を選ぶ方法が、

$$_{11}C_2 = \frac{11 \times 10}{2 \times 1} = 55 \text{（通り）}$$

だけあり、さらに、同じ場所に 2 本とも入れる方法は①〜⑪のうち 1 カ所に 2 本を入れるので、11 通りあり、全部で 55 + 11 = 66（通り）の方法があることになるわけです。

ちょっと補足

これは、A が 4 枚、B が 0 枚、C が 6 枚という意味だね。

ワンポイントアドバイス
One Point Advice

○ が 10 個、／ が 2 個の計 12 個のものを 1 列に並べる方法と考えても OK！
12 カ所のうち、／ の置かれる 2 カ所を選べばいいので、$_{12}C_2$ = 66 でも求められるよ！

【解法2】

3人の子供A〜Cに配分する枚数を、次のような樹形図を描いて求めます。

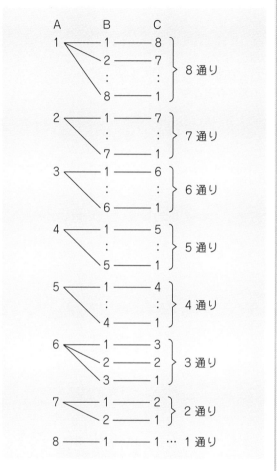

これより、全部で36通りとわかりますね。

正解 ③

パターン 40

次の図のような、直角に交わる道路がある。点Aを出発して点Pを通り点Bへ行くとき、点Aから点Bまで遠回りせずに行く経路は何通りか。

▶特別区Ⅲ類 2021

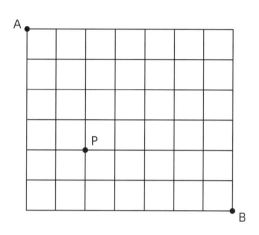

1. 285 通り
2. 300 通り
3. 315 通り
4. 330 通り
5. 345 通り

【解法1】

まず、AからPまで行く方法を数えます。AからPへは、下へ4、右へ2移動すれば、どのような順序で行っても最短経路で行くことができます。

そうすると、計6回の移動をすると考えて、そのうち2回を選んで右へ行くとすると、その方法は次の計算で求められます。

$$_6C_2 = \frac{6 \times 5}{2 \times 1} = 15 \text{（通り）}$$

AからPへの経路は、碁盤目状に整備されており、欠けているところなどはありませんから、15通りの方法に対応するだけの移動経路があることになります。

ナットクいかない方はこちら

たとえば、「右右下下下下」と行っても、「右下下右下下」と行っても、最短経路で行けるでしょ！ 上や左に行っちゃダメだけどね。 ?

ナットクいかない方はこちら

たとえば、「2, 5回目」と選ぶと、「下右下下右下」という移動になるでしょ！ ?

では、同様に、PからBまで行く方法を考えると、今度は、下へ2、右へ5移動すればいいので、計7回の移動のうち2回を選んで下へ行く方法で、次の計算で求められます。

$$_7C_2 = \frac{7 \times 6}{2 \times 1} = 21（通り）$$

これより、AからPへ行き、さらに、PからBへ行く方法は、次のように求められます。

$$15 \times 21 = 315（通り）$$

よって、正解は肢3です。

【解法2】
　たとえば、図1でAからCへ最短経路で行く方法は、まっすぐ右へ行く1通りだけです。Dへ行く方法も同じですね。図のように、何通りあるかを図に書き入れていきましょう。
　同様に、EやFへ行く方法も、まっすぐ下へ行く1通りだけですが、Gへ行く方法は、Cを経由するか、Eを経由するかの2通りがあります。

図1

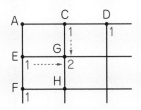

　つまり、進行方向は右下ですから、すべての交差点は上から来るか、左から来るかのいずれかで、上から来る方法は上の点まで来る方法の分だけあり、左も同様です。

すなわち、各交差点まで来る方法は、それぞれの上の点と左の点に記入した数字を足していくことで求められ、AからPまで行く方法は、図2のようになります。

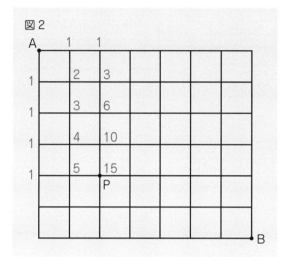

図2

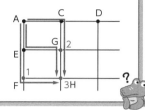

ナットクいかない方はこちら

たとえばHは、上から来る方法は、図のように2通り。左からは1通りで、合わせて3通りということね。

さらに、PからBへ行く方法についても、同じ方法ではじめから書き込み、「解法1」と同様に掛け算して求めてもいいですが、このまま続けて数字を記入することもできます。

すなわち、Pの真右や真下の交差点へ行く方法は、Pから行く方法だけですから、Pまで行く方法と同じ15通りで、あとは同様に足し算して書き込むと、図3のようになります。

図3

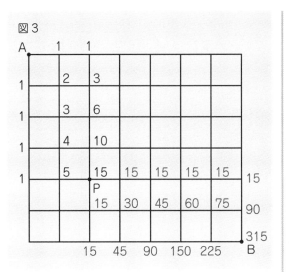

ワンポイントアドバイス
One Point Advice

本問の場合は【解法1】が早い
けど、欠けているところや、もっ
と複雑な経路になると【解法2】
で解くことになるから、【解法
2】は必ずマスターしてね。

これより、315通りとわかります。

正解 ③ ✐

Exercise 57

次の図のようなマス目状の道路において、A地点からB地点に至る最短の経路
は、全部で何通りあるか。ただし、必ずC地点を通らなければならず、×印の箇
所は通ることはできないものとする。　　　　　特別区Ⅲ類 2002

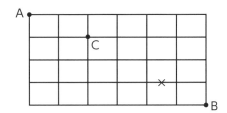

1. 63通り
2. 66通り
3. 69通り
4. 72通り
5. 75通り

C地点を必ず経由するわけですから、A→C，C→Bと2段階で、最短経路数を記入していきましょう。まず、A→Cは図1のようになりますね。

図1
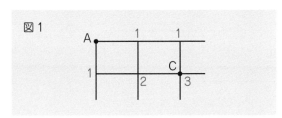

さらに、C→Bへこのまま続けて図2のように数字を記入します。ただし、D→Eのところは×印で通れないので、Eへは上からの方法しかなく、上の点の数字だけを写せばいいですね。

図2
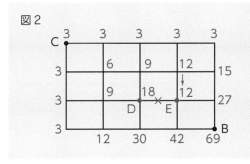

ちょっと補足

通れないところは、足さないってこと！

ちょっと補足

図2は、図1からの続きを描いたけど、A→CとC→Bをそれぞれ別々に数えて掛けても、答えは出るよね！

よって、最短経路は69通りとわかり、正解は肢3です。

正解③

　図のような部屋にあるイスに、A〜Fの6人がそれぞれ座るときの座り方は、全部で何通りあるか。ただし、AとBは、いずれの場合も、隣り合わせまたはテーブルをはさんで向かい合わせに座る。　**出典** 東京都Ⅲ類 2004

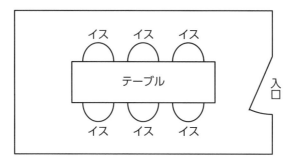

1．264通り
2．288通り
3．312通り
4．336通り
5．360通り

　それぞれの座席を図のように①〜⑥とします。

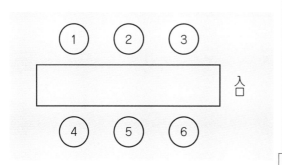

　まず、Aの座席を決めて、それぞれについて条件を満たすBの座席を考えます。

　Aが図の①，③，④，⑥のいずれかに座る場合、Bはその隣りまたは向かいで、それぞれ2通りの座席が考えられますので、この場合のAとBの座席の組合せは、4 × 2 ＝ 8（通り）です。

　また、Aが②か⑤のいずれかに座る場合は、Bはそ

ナットクいかない方はこちら

たとえばAが①に座ると、Bが座るのは②か④の2通りでしょ！ **?**

Aを決めて、さらにBを決める方法で、積の法則だね！

の両隣りと向かいの 3 通りの座席が考えられ、この場合は、2 × 3 ＝ 6（通り）となります。

よって、AとBの座席は全部で、<u>8 ＋ 6 ＝ 14（通り）</u>あることになります。 ── ここは、和の法則だね!

次に、AとBの座席を決めて、残る 4 つの座席にC〜Fが座る方法を考えると、<u>異なる 4 カ所に 4 人を配置する方法ですから、4!＝4 × 3 × 2 × 1 ＝ 24（通り）</u>の座り方があることになります。

よって、AとBの座席を決め、さらに残る 4 人の座席を決める方法は、14 × 24 ＝ 336（通り）があり、正解は肢 4 です。

正解 ④

ナットクいかない方はこちら

たとえばAとBが①，②に座ると、残る③〜⑥にC〜Fが座る方法で、③に座る人の決め方が 4 通り、④が残る 3 人で 3 通り…と決めていけばいいので、4!で計算できるよね!

下図のように４つに区分された図柄の旗を、赤，黄，緑及び白の４色で塗り分けるとき、同じ色が隣り合わないように塗り分ける方法は全部で何通りあるか。

ただし、各区分は一色で塗り、４色のうち使わない色があってもよい。

東京都Ⅲ類 2015

1．24 通り
2．36 通り
3．48 通り
4．60 通り
5．72 通り

図のように、４つの区分を①〜④とします。

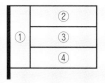

まず、４色すべてを使って塗り分ける方法を考えると、①→②→③→④の順に塗る色を決めればいいので、その方法は、4！＝4×3×2×1＝24（通り）となります。

次に、３色で塗る方法を考えます。この場合、①〜④のうち２つの区分に同じ色を塗ることになりますが、それができるのは②と④のみですから、まず、この２区分に塗る色を決め、残る①と③に塗る色を順に決めればいいので、その方法は $_4P_3 ＝ 4 × 3 × 2$ ＝ 24（通り）となります。

①に塗る色の選び方が
４通り、②には残りの
３通り…ってことね。

ちょっと補足

①は他の３区分すべてと隣り合っているから、隣り合わないのは②と④だけだよね。

次に、2色で塗り分ける方法を考えますが、同じ色を塗ることができるのは②と④のみですから、最少でも3色必要で、2色以下の方法はありません。

　これより、塗り分ける方法は全部で $24 + 24 = 48$（通り）で、正解は肢3です。

正解

確率 ➡ 徹底的に解きまくれ！

重要度

パターン 42

ある箱の中に、同じ大きさの赤色の球 6 個、白色の球 6 個、黄色の球 4 個が入っている。今、この箱の中から任意に 3 個の球を取り出すとき、全て同じ色になる確率はどれか。　　　　　　　　　　　　　　　　特別区Ⅲ類 2017

1. $\dfrac{11}{140}$

2. $\dfrac{3}{35}$

3. $\dfrac{13}{140}$

4. $\dfrac{1}{10}$

5. $\dfrac{3}{28}$

球は全部で 6 + 6 + 4 = 16（個）ですから、ここから 3 個を選ぶ方法は、次の計算で求められます。

$$_{16}C_3 = \frac{16 \times 15 \times 14}{3 \times 2 \times 1} = 560 \text{（通り）}$$

球は任意に選ぶわけですから、これら 560 通りの組合せは、いずれも等しく $\dfrac{1}{560}$ の確率で取り出されることになり、このようなことを「同様に確からしい」

といいます。

そして、このうち、すべて同じ色になる組合せは次のようになります。

Ⅰ）すべて赤色の組合せ

赤色の球は6個ありますので、ここから3個を選ぶ方法は、次のようになります。

$$_6C_3 = 20（通り）$$

Ⅱ）すべて白色の組合せ

同様に6個ですから、20通りあります。

Ⅲ）すべて黄色の組合せ

4個から3個を選ぶ方法で、4通りです。

これより、同じ色になるのは、20 + 20 + 4 = 44（通り）となります。

そうすると、全部で560通りのうち、この44通りのいずれかが起こる確率は、$\dfrac{44}{560} = \dfrac{11}{140}$ となり、正解は肢1です。

正解①

ちょっと補足

（赤，赤，赤）で「1通り」と間違えないでね。全体の「560通り」は、16個の球を区別して数えたんだから、ここでも、6個の赤球を区別して考えるんだ！

4個から、残す1個を選ぶ方法で4通りだよね。

公式

確率の定義

起こりうるすべての場合の数がN通りあり、それらが同様に確からしいとき、このうち事象Aの起こる場合の数が a 通りあるとすると、事象Aの起こる確率は、$\dfrac{a}{N}$ と表せる。

ワンポイントアドバイス
One Point Advice

要するに、全部でいくつあって、その中で、いくつが該当するかって、数えりゃいいってこと。ただし、「同様に確からしい」ことが条件だから、注意してね！

　図のような縦3マス×横3マスのマス目のうち、任意に選ばれた三つのマスに一つずつ丸を記入する。このとき、三つの丸を記入したマスが縦、横、斜めのいずれかに一直線に並ぶ確率はいくらか。

　ただし、マス目は回転させないものとする。　　　　　　　出典▶入国警備官等 2020

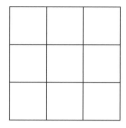

1. $\dfrac{2}{13}$

2. $\dfrac{2}{15}$

3. $\dfrac{2}{17}$

4. $\dfrac{2}{19}$

5. $\dfrac{2}{21}$

　9つのマスから3つのマスを選ぶ方法は、${}_9C_3 = \dfrac{9 \times 8 \times 7}{3 \times 2 \times 1} = 84$（通り）で、いずれの選び方も同様に確からしいですね。

　このうち、一直線に並ぶ方法を考えると、縦に並ぶ方法は3通り、横に並ぶ方法も3通り、斜めに並ぶ方法は2通りで計8通りですから、求める確率は$\dfrac{8}{84} = \dfrac{2}{21}$となります。

　よって、正解は肢5です。

ここでも、9つのマスはすべて区別して考えるからね。

正解 ⑤

Exercise 60

　1 から 6 までの互いに異なる数字が 1 つずつ書かれた 6 個の球が入っている箱がある。この箱の中から 1 個の球を取り出し、書かれている数字を確認して元に戻すという操作を 3 回行うとき、取り出された球に書かれた数字の最大値が 4 である確率はいくらか。　　　　　　　📖 裁判所事務官Ⅲ種 2005

1. $\dfrac{7}{36}$

2. $\dfrac{7}{72}$

3. $\dfrac{37}{72}$

4. $\dfrac{37}{216}$

5. $\dfrac{67}{216}$

---

　1 回目～ 3 回目のそれぞれの球に書かれた数字の組合せは、$6 \times 6 \times 6 = 216$（通り）あり、いずれの取り出し方も同様の確からしいですね。

　このうち、条件を満たす方法は、最大値が 4 であるということですから、3 回のうち少なくとも 1 回は 4 の球が必ず取り出され、かつ、5，6 の球は 1 回も取り出されない方法ということになります。

　ではまず、取り出された球が、5，6 を含まない方法を数えると、1 ～ 4 の 4 個の球のいずれかが 3 回とも取り出される方法ですから、$4 \times 4 \times 4 = 64$（通り）となります。

　しかし、この中には 4 の球を含まない方法も数えられており、それは、1 ～ 3 の 3 個の球のいずれかが 3 回とも取り出される方法ですから、$3 \times 3 \times 3 = 27$（通り）とわかります。

 3 以下しか出ない場合を除くのを忘れないで！

　よって、この 27 通りを除く、$64 - 27 = 37$（通り）が、4 を含み 5，6 を含まない方法となり、このいずれかが起こる確率は、$\dfrac{37}{216}$ となりますね。

　よって、正解は肢 4 です。

正解 ④

中身の見えない 2 つの袋 A，B がある。A には赤球が 6 個、白球が 3 個入っており、B には赤球が 4 個、白球が 5 個入っている。まず、A の中身をよく混ぜて、球を 1 個取り出して B に移す。次に、B の中身をよく混ぜて、球を 1 個取り出して A に移す。最後に再び A の中身をよく混ぜて球を 1 個取り出すとき、これが白球である確率として、正しいものはどれか。　裁判所職員一般職 2019

1. $\dfrac{1}{15}$

2. $\dfrac{1}{9}$

3. $\dfrac{2}{13}$

4. $\dfrac{7}{27}$

5. $\dfrac{16}{45}$

AB 間での球の移し替えによって、その後の A の球の内訳は変わってきますので、次のように場合分けをして、それぞれ白を取り出す確率を求めましょう。

Ⅰ）A から B に赤、B から A に赤を移した場合

はじめの A には、赤 6 個、白 3 個の 9 個の球が入っていますから、ここから赤を取り出す確率は $\dfrac{6}{9} = \dfrac{2}{3}$ です。赤を移した後の B の中身は赤 5 個、白 5 個の 10 個ですから、ここから赤を取り出す確率は $\dfrac{5}{10} = \dfrac{1}{2}$ ですね。これで、A の中身ははじめと同じになっていますので、ここから白を取り出す確率は $\dfrac{3}{9} = \dfrac{1}{3}$ で、このようなことが起こる確率は、「乗法定理」より、次のようになります。

$$\dfrac{2}{3} \times \dfrac{1}{2} \times \dfrac{1}{3} = \dfrac{1}{9}$$

定 理

加法定理・乗法定理

A の起こる確率が P（A）、
B の起こる確率が P（B）で
あるとき

①加法定理
　A または B が起こる確率
　⇒ P（A）＋ P（B）
　（ただし、A，B は同時に
　起こりえないこと）

②乗法定理
　A が起こりさらに B が起
　こる確率
　⇒ P（A）× P（B）

Ⅱ）AからBに赤、BからAに白を移した場合

AからBに赤を移す確率は $\frac{2}{3}$、BからAに白を移す確率は $\frac{1}{2}$ ですね。その後のAの中身は赤5個、白4個ですから、ここから白を取り出す確率は $\frac{4}{9}$ で、次のようになります。

$$\frac{2}{3} \times \frac{1}{2} \times \frac{4}{9} = \frac{4}{27}$$

ワンポイントアドバイス
One Point Advice

加法定理や乗法定理は、場合の数の和の法則や積の法則と、考え方は同じだよ。

Ⅲ）AからBに白、BからAに赤を移した場合

AからBに白を移す確率は $\frac{1}{3}$ で、ここで、Bの中身は赤4個、白6個ですから、BからAに赤を移す確率は $\frac{4}{10} = \frac{2}{5}$ です。その後のAの中身は赤7個、白2個ですから、ここから白を取り出す確率は $\frac{2}{9}$ で、次のようになります。

$$\frac{1}{3} \times \frac{2}{5} \times \frac{2}{9} = \frac{4}{135}$$

Ⅳ）AからBに白、BからAに白を移した場合

AからBに白を移す確率は $\frac{1}{3}$ で、BからAに白を移す確率は $\frac{6}{10} = \frac{3}{5}$ です。その後のAの中身ははじめと同じですから、ここから白を取り出す確率は $\frac{1}{3}$ で、次のようになります。

$$\frac{1}{3} \times \frac{3}{5} \times \frac{1}{3} = \frac{1}{15}$$

以上より、Ⅰ～Ⅳのいずれかが起こる確率は、「加法定理」より、次のようになります。

$$\frac{1}{9} + \frac{4}{27} + \frac{4}{135} + \frac{1}{15}$$

$$= \frac{15 + 20 + 4 + 9}{135} = \frac{48}{135} = \frac{16}{45}$$

よって、正解は肢5です。

正解 ⑤

Exercise 61

　AとBは、将棋を1回、囲碁を2回の合計3回対戦した。将棋ではAがBに勝つ確率は $\frac{1}{10}$ で、負ける確率が $\frac{9}{10}$、囲碁ではAがBに勝つ確率は $\frac{3}{4}$ で、負ける確率が $\frac{1}{4}$ である。このとき、AがBに対して2勝以上する確率はいくらか。

出典 海上保安大学校等 2021

1. $\frac{2}{5}$

2. $\frac{4}{9}$

3. $\frac{1}{2}$

4. $\frac{3}{5}$

5. $\frac{2}{3}$

　Aが、将棋，囲碁1回目，囲碁2回目で2勝以上する方法は次の4通りで、それぞれの確率は次の計算で求められます。

Ⅰ）将棋と囲碁1回目の2回に勝つ確率

$$\frac{1}{10} \times \frac{3}{4} \times \frac{1}{4} = \frac{3}{160}$$

Ⅱ）将棋と囲碁2回目の2回に勝つ確率

$$\frac{1}{10} \times \frac{1}{4} \times \frac{3}{4} = \frac{3}{160}$$

Ⅲ）囲碁1回目と2回目の2回に勝つ確率

$$\frac{9}{10} \times \frac{3}{4} \times \frac{3}{4} = \frac{81}{160}$$

Ⅳ）3回の対戦すべてに勝つ確率

$$\frac{1}{10} \times \frac{3}{4} \times \frac{3}{4} = \frac{9}{160}$$

　これより、Ⅰ〜Ⅳのいずれかが起こる確率は、次のようになります。

$$\frac{3}{160} + \frac{3}{160} + \frac{81}{160} + \frac{9}{160}$$
$$= \frac{3 + 3 + 81 + 9}{160}$$
$$= \frac{96}{160}$$
$$= \frac{3}{5}$$

　よって、正解は肢4です。

正解 ④

A，B，Cの3人が剣道で対戦した。最初に対戦順を決めるため、3人は、3本中当たりが1本だけ含まれるくじを1本ずつ引いた。次に、くじに外れた2人が対戦し、その後、勝者がくじに当たった1人と対戦して最終的な勝者を決定した。AがBに勝つ確率が $\frac{1}{3}$、BがCに勝つ確率が $\frac{3}{5}$、CがAに勝つ確率が $\frac{1}{4}$ であるとき、Aが最終的な勝者となる確率はいくらか。

ただし、引き分けはないものとする。　　　　　　🏁 入国警備官等 2017

1. $\frac{4}{15}$

2. $\frac{1}{3}$

3. $\frac{2}{5}$

4. $\frac{7}{15}$

5. $\frac{8}{15}$

Aがくじに当たった場合は、最初にBC戦が行われますので、その勝者によって、Aが最終的な勝者になる確率が変わってきますね。また、B，Cがくじに当たった場合は、Aは2回勝たなければ最終的な勝者になれません。

これより、次のように場合分けをして、それぞれでAが最終的な勝者となる確率を求めます。

Ⅰ）Aがくじに当たり、BC戦でBが勝利した場合

Aがくじに当たる確率は $\frac{1}{3}$ ですね。BC戦でBが勝つ確率は $\frac{3}{5}$ で、さらに、AがBに勝つ確率は $\frac{1}{3}$ ですから、このようなことが起こる確率は次のようになります。

$$\frac{1}{3} \times \frac{3}{5} \times \frac{1}{3} = \frac{1}{15}$$

Ⅱ）Ａがくじに当たり、ＢＣ戦でＣが勝利した場合

同様に、Ａがくじに当たる確率は $\frac{1}{3}$ で、ＢＣ戦で

Ｃが勝つ確率は $\frac{2}{5}$、さらに、ＡがＣに勝つ確率は $\frac{3}{4}$

で、次のようになります。

ちょっと補足

$$\frac{1}{3} \times \frac{2}{5} \times \frac{3}{4} = \frac{1}{10}$$

ＢがＣに勝つ確率が $\frac{3}{5}$ だから、

ＣがＢに勝つ確率は $\frac{2}{5}$ だね。同

様に、ＣがＡに勝つ確率が $\frac{1}{4}$ な

ら、ＡがＣに勝つ確率は $\frac{3}{4}$ って

こと！

Ⅲ）Ｂがくじに当たる場合

Ｂがくじに当たる確率も $\frac{1}{3}$ で、ＡＣ戦でＡが勝つ

確率は $\frac{3}{4}$、さらに、ＡがＢに勝つ確率は $\frac{1}{3}$ で、次の

ようになります。

$$\frac{1}{3} \times \frac{3}{4} \times \frac{1}{3} = \frac{1}{12}$$

Ⅳ）Ｃがくじに当たる場合

Ｃがくじに当たる確率も $\frac{1}{3}$ で、ＡＢ戦でＡが勝つ

確率は $\frac{1}{3}$、さらに、ＡがＣに勝つ確率は $\frac{3}{4}$ で、次の

ようになります。

ⅢとⅣは、ＡがＢとＣ
に勝つ順番が違うだけ
だよね。

$$\frac{1}{3} \times \frac{1}{3} \times \frac{3}{4} = \frac{1}{12}$$

以上より、Ⅰ～Ⅳのいずれかが起こる確率は、次の
ようになります。

$$\frac{1}{15} + \frac{1}{10} + \frac{1}{12} + \frac{1}{12}$$
$$= \frac{4 + 6 + 5 + 5}{60} = \frac{20}{60} = \frac{1}{3}$$

よって、正解は肢２です。

正解 ②

4個の立方体のサイコロを同時に1回投げるとき、2個以上のサイコロが、同じ目を出す確率として、正しいのはどれか。 　　　　　　🏛 東京都Ⅲ類 2020

1. $\dfrac{1}{216}$

2. $\dfrac{5}{18}$

3. $\dfrac{61}{216}$

4. $\dfrac{155}{216}$

5. $\dfrac{13}{18}$

2個以上のサイコロが同じ目を出す確率を求めるには、同じ目を出すサイコロが2個の場合、3個の場合、4個の場合のそれぞれについて計算をする必要があります。

しかし、そうならない場合のほうを考えると、同じ目を出すサイコロが1個もない、つまり、すべてのサイコロが別々の目を出す場合で、こちらのほうが計算はラクですね。

そうなると、「2個以上が同じ目を出す」か「すべて別々の目を出す」かのいずれかしか起こらないわけですから、それぞれの確率を合わせると100%、つまり「1」になるので、「2個以上が同じ目を出す確率」＝「1－すべて別々の目を出す確率」と求めることができ、本問ではそのほうがラクだということになります。

ちょっと補足

ある事柄に対してそれ以外の事柄を「余事象」というんだ。
余事象の確率のほうがラクに計算できるときは、これを1から引けばいいよね。

では、立方体のサイコロの目を1〜6として、4個のサイコロが別々の目を出す確率について、1個ずつ確認していきましょう。

サイコロは同時に投げるんだけど、1個目〜4個目として順に確認していこう！

まず、1個目は1〜6のどれが出てもいいので、いずれかの目が出る確率は1ですね。そして、2個目は1個目と異なる目が出ればいいので、6通りの中の5通りですから、確率は$\dfrac{5}{6}$、同様に、3個目は、1, 2個目と異なる目が出ればいいので、確率は$\dfrac{4}{6}$、4

個目も、1～3個目と異なる目が出ればいいので、確率は $\frac{3}{6}$ となり、これらのことが起こる確率は、次のようになります。

$$1 \times \frac{5}{6} \times \frac{4}{6} \times \frac{3}{6} = \frac{5}{18}$$

よって、求める確率は、$1 - \frac{5}{18} = \frac{13}{18}$ となり、正解は肢5です。

正解 ⑤

定 理

余事象
Aの起こる確率
＝ 1 － Aの起こらない確率

Exercise 63

☆，○，△，◇の図柄が描かれたカードがそれぞれ、☆が2枚、○が1枚、△が1枚、◇が1枚ある。この5枚のカードを無作為に1枚ずつ選び、左から順に1列に並べるとき、同じ図柄が連続して並ばない確率として、最も妥当なのはどれか。 東京消防庁Ⅲ類 2019

1. $\frac{8}{15}$

2. $\frac{3}{5}$

3. $\frac{2}{3}$

4. $\frac{11}{15}$

5. $\frac{4}{5}$

☆が2枚ありますが、<u>これは区別して☆1，☆2</u><u>としましょう</u>。そうすると、その並べ方は、異なる5枚のカードを並べる方法で、次のようになります。

$$5！＝5 \times 4 \times 3 \times 2 \times 1 ＝ 120（通り）$$

☆2枚を区別しないで並べる方法を数えると、☆は2枚あるので、他の図柄と条件が違うから、すべての並べ方が「同様に確からしい」状態にならないんだ。確率を求めるためには、「同様に確からしい」状態が必要だから、☆2枚は区別して、5枚のカードの条件を同じにするんだね。

ここで、☆2枚が連続して並ばない方法を考えると、2枚の間に他の図柄のカードが何枚入るかで場合分けが必要です。しかし、余事象を考えると、☆2枚が連続して並ぶ確率で、このほうが求めやすいですね。

これより、余事象の確率を1から引いて求めることにします。☆2枚が並ぶ方法ですが、2枚の☆のカードをとりあえず1つのグループと考えて、「(☆2枚)，○，△，◇」の4つを並べる方法を計算します。異なる4つの並べ方は4！通りですね。そして、その中の1通りについて考えると、たとえば、「○，(☆2枚)，◇，△」という並べ方は、☆を2枚に戻すと、次の2通りの並べ方があるとわかります。

「○，☆1，☆2，◇，△」
「○，☆2，☆1，◇，△」

他の並べ方も同様に2通りずつありますので、☆2枚が連続する並べ方は次のようになります。

$$4！ \times 2 ＝ 4 \times 3 \times 2 \times 1 \times 2 ＝ 48（通り）$$

これより、求める確率は次のようになります。

$$1 - \frac{48}{120} ＝ 1 - \frac{2}{5} ＝ \frac{3}{5}$$

よって、正解は肢2です。

正解 ②

Exercise 64

A，Bが対戦ゲームを行っており、1回の対戦でのAの勝敗の確率は表のとおりである。

Aの勝敗	確率
勝つ	$\frac{1}{7}$
引き分ける	$\frac{2}{7}$
負ける	$\frac{4}{7}$

いま、1回の対戦に勝った場合は3点、引き分けた場合は2点、負けた場合は1点を与えることとし、対戦を続けていき、先に合計で6点以上の点を取った方を勝者とすることとした。Aが3点、Bが0点の状態から対戦ゲームを始めるとき、Aが勝者となる確率はいくらか。　　　　　　　　　　　🏛刑務官 2019

1. $\frac{13}{49}$

2. $\frac{18}{49}$

3. $\frac{23}{49}$

4. $\frac{4}{7}$

5. $\frac{33}{49}$

Aが勝者となる方法を次のように検討します。

Ⅰ）1回目にAが勝った場合

この時点で、Aは3点を得て合計6点で勝者となります。

Ⅱ）1回目にAが引き分けた場合

Aはここで2点を得て5点となりますが、Bはまだ2点ですね。そうすると、2回目にAがどのような結果になっても1点以上を得て6点以上になりますので、Aが1回目に引き分けた時点でAが勝者に決

Bは勝っても5点だからね。

まります。

Ⅲ）1回目にAが負けた場合

　Aはここで1点を得て4点で、Bは3点となります。2回目にAが勝つか引き分ければ、Aは6点以上で勝者となります。

　しかし、2回目もAが負けた場合、Aは5点、Bは6点で、Bが勝者となります。

　以上より、Aが勝者となれないのは、1，2回目に連続して負けた場合のみですから、この確率を1から引いて、Aが勝者となる確率は次のようになります。

$$1 - \frac{4}{7} \times \frac{4}{7} = 1 - \frac{16}{49} = \frac{33}{49}$$

　よって、正解は肢5です。

 正解 ⑤

　1 から 6 までの整数のうち 1 つを指定し、その数とサイコロを振って出た目の数が一致した場合、持ち点に 5 点が加点され、一致しなかった場合、持ち点から 1 点が減点されるゲームがある。最初に持ち点が 3 点あるとき、このゲームを 3 回続けて行った後に持ち点が 6 点または 12 点になる確率として、正しいのはどれか。

出典 東京都Ⅲ類 2004

1. $\dfrac{1}{3}$

2. $\dfrac{3}{8}$

3. $\dfrac{5}{12}$

4. $\dfrac{11}{24}$

5. $\dfrac{1}{2}$

　指定した数とサイコロの目が一致する確率は $\dfrac{1}{6}$、一致しない確率は $\dfrac{5}{6}$ となりますね。

　ゲームを 3 回行った後 6 点になるのは、持ち点が 3 点加算されたときで、<u>一致が 1 回で不一致が 2 回</u>であった場合ですから、確率は次の計算で求められます。

+5 点 − 2 点 = +3 点だよね。

Ⅰ）1 回目のみ一致する確率
$$\frac{1}{6} \times \frac{5}{6} \times \frac{5}{6} = \frac{25}{216}$$

Ⅱ）2 回目のみ一致する確率
$$\frac{5}{6} \times \frac{1}{6} \times \frac{5}{6} = \frac{25}{216}$$

Ⅲ）3 回目のみ一致する確率
$$\frac{5}{6} \times \frac{5}{6} \times \frac{1}{6} = \frac{25}{216}$$

Ⅰ〜Ⅲのいずれかが起こる確率
$$\frac{25}{216} + \frac{25}{216} + \frac{25}{216} = \frac{25}{72}$$

しかし、この計算でⅠ～Ⅲが同じ確率となること
は、1回目～3回目の区別がないことでわかりますか
ら、同じものを3回足すのであれば、3倍してもいい
ので、次のような計算で求めることができますね。

$$3 \times \left(\frac{1}{6}\right)^1 \times \left(\frac{5}{6}\right)^2 = \frac{25}{72}$$

「1通りの確率×3通り」ってことだね!

　同様に、持ち点が12点となるのは、9点加算され
たときですから、一致が2回で不一致が1回で、こ
のような場合も、何回目が不一致であったかで3通
りの方法があり、それぞれの確率は同じですから、次
の計算で求められます。

+10点 − 1点 = +9点

$$3 \times \left(\frac{1}{6}\right)^2 \times \left(\frac{5}{6}\right)^1 = \frac{5}{72}$$

　以上より、持ち点が6点または12点となる確率
は、

$$\frac{25}{72} + \frac{5}{72} = \frac{30}{72} = \frac{5}{12}$$

となり、正解は肢3です。

　さて、ここで定理の確認です。本問の「サイコロを
振って指定した数と同じ目の出る確率」というのは、
常に $\frac{1}{6}$ で、それは先に何が出たかで変わるものでは
ありませんね。このように、先の事柄の影響を受けな
いときは、確率は「独立である」といい、確率が独立
である試行(サイコロを振るなどの行為)を「独立試
行」といい、また、独立試行を何回か繰り返すことを
「反復試行」といいます。

　すなわち、本問のように独立試行を3回繰り返す
とき、ある事柄(一致するなど)をAとすると、Aが
1回だけ起こる方法は、3回から1回を選ぶ方法で
$_3C_1 = 3$(通り)あり、そのいずれも確率は同じなので、
次のような形で求めたわけです。

$$_3C_1 \times (\text{Aが起こる確率})^1 \times (\text{Aが起こらない確率})^2$$

このように、独立試行を n 回繰り返し、そのうちAという事柄が r 回起こる確率を求めるときは、Aの起こる確率をPとすると、起こらない確率は「1 − P」であることから、「反復試行の定理」によって、求められることがわかりますね。

正解 ③

> **定理**
>
> **反復試行の定理**
> 確率が独立である試行を n 回繰り返すとき、確率 p であるAという事柄が r 回起こる確率
> $\Rightarrow {}_nC_r \times p^r \times (1-p)^{n-r}$

Exercise 65

赤，青，黄，桃，緑の各色の玉がそれぞれ1個ずつ箱の中に入っている。この箱の中から無作為に1個の玉を取り出し、色を調べてからもとに戻す操作を5回繰り返す。3回以上同じ色の玉を取り出す確率はいくらか。

海上保安大学校等 2003

1. $\dfrac{141}{625}$

2. $\dfrac{36}{125}$

3. $\dfrac{181}{625}$

4. $\dfrac{41}{125}$

5. $\dfrac{361}{625}$

同じ色の玉を3回，4回，5回取り出す確率でそれぞれ場合分けをします。

I) 同じ色の玉を3回取り出す確率

どの色の玉も取り出す確率は $\dfrac{1}{5}$ ですから、たとえば、赤色の玉を5回のうち3回取り出す確率は、反復試行の定理より、

$$_5C_3 \times \left(\frac{1}{5}\right)^3 \times \left(\frac{4}{5}\right)^2 = 10 \times \frac{16}{5^5} = \frac{32}{625}$$

となります。

　同様に、青色の玉を5回のうち3回取り出す確率も $\frac{32}{625}$ となり、5色の玉のいずれにおいても同じ確率で起こりますから、いずれかの色の玉が3回取り出される確率は次のとおりです。

どの色でもいいので、5色分の計算をすることに注意して！

$$\frac{32}{625} \times 5 = \frac{32}{125}$$

Ⅱ）同じ色の玉を4回取り出す確率

　Ⅰと同じ要領で次の計算で求められます。

$$_5C_4 \times \left(\frac{1}{5}\right)^4 \times \left(\frac{4}{5}\right)^1 \times 5 = 5 \times \frac{4}{5^5} \times 5 = \frac{4}{125}$$

Ⅲ）同じ色の玉を5回取り出す確率

　たとえば、赤色の玉を5回とも取り出す確率は、$\left(\frac{1}{5}\right)^5$ ですから、いずれかの色の玉を5回とも取り出す確率は、次のとおりです。

$$\left(\frac{1}{5}\right)^5 \times 5 = \frac{1}{625}$$

　よって、Ⅰ～Ⅲのいずれかが起こる確率は、

$$\frac{32}{125} + \frac{4}{125} + \frac{1}{625} = \frac{160 + 20 + 1}{625} = \frac{181}{625}$$

となり、正解は肢3です。

正解③

MEMO

多角形と円 ➡ 定理を覚えよ!

ガイダンス ✐

★多角形と円の基本的な性質や定理の確認で、中学校の教科書によくあるタイプ
の問題です。

★出題頻度はさほど高くはありませんが、図形の計量問題の基礎となる事項が中
心ですから、しっかり確認しましょう。

パターン 46

図のような正五角形と 2 本の平行線があるとき、x の角度はいくつか。

東京消防庁Ⅲ類 2004

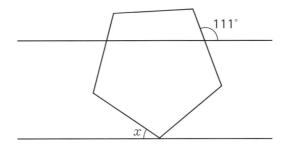

1. 30°
2. 31°
3. 32°
4. 33°
5. 34°

　図 1 のように、正五角形の辺の延長線を補助線と
して引き、三角形 A B C に着目します。

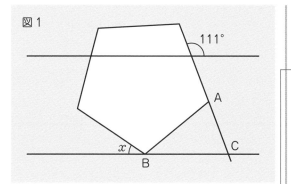

図1

111°

A

C

x

B

定理

多角形の角度

① n 角形の内角の和

⇒ $180° \times (n - 2)$

② n 角形の外角の和

⇒ $360°$

　正五角形の内角の和は 540° ですから、1 つの内角は、$540° \div 5 = 108°$ で、外角は $180° - 108° = 72°$ ですね。

　これより、図の x の右隣の角は 108°、$\angle BAC = 72°$ とわかり、平行線の性質より同位角が等しいので、$\angle ACB$ の外角は 111° ですから、$\angle ACB = 180° - 111° = 69°$ がわかり、図 2 を得ます。

ちょっと補足

「正多角形」は 5 つの内角の大きさがすべて等しいからね。

外角は、$360° \div 5 = 72°$ と求めても OK！

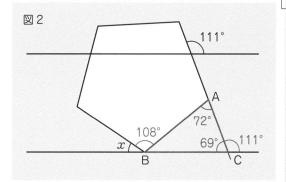

図2

111°

A

72°

108°

69° 111°

x

B C

定理

同位角と錯角

図において、$\ell /\!/ m$ のとき、同位角、錯角は等しくなる。

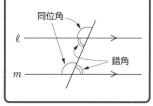

同位角

ℓ

錯角

m

　よって、三角形ＡＢＣについて、三角形の外角の定理より、次の式が成り立ちますね。

$$72° + 69° = x + 108°$$

　これを解いて、$x = 33°$ が得られ、正解は肢 4 です。

定理

三角形の外角の定理

図において、

$\angle a + \angle b = \angle c'$

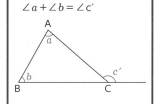

A

a

b c'

B C

正解 ④

次の図において、角度 $a \sim f$ の和はどれか。　　　　　　🔲 特別区Ⅲ類 2022

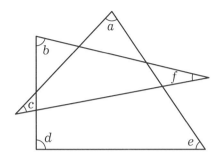

1. 180°
2. 270°
3. 360°
4. 450°
5. 540°

　図のように、各頂点をA〜Fとし、ACとBFの交点をGとします。さらに、AとBを結んで、∠ABGと∠BAGの角度を、それぞれ x , y とします。

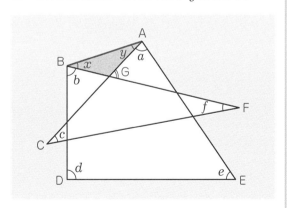

　ここで、△CFGについて、三角形の外角の定理より、 $c + f = \angle$ AGFであり、さらに、△ABGについて同様に、 $x + y = \angle$ AGFとなり、これより、 $c + f = x + y$ とわかります。

よって、$a \sim f$ の和は、$a + b + d + e + x + y$ と等しくなり、これは、四角形ＡＢＤＥの内角の和になりますね。

そうすると、四角形の内角の和は 360° ですから、求める $a \sim f$ の和は 360° で、正解は肢 3 です。

正解 ③

ワンポイントアドバイス
One Point Advice

このような、具体的な角度がまったく与えられていないときは、本問の「四角形の内角の和」のように、何かに相当する大きさになるはずだよね。
だから、選択肢から見当をつけるのも 1 つの方法だよ！

パターン 47

次の図のように、一辺の長さが 10 cm の正三角形ＡＢＣに、辺ＢＣを直径とする半円を描いたとき、斜線部の面積はどれか。ただし、円周率を π とする。

出典 特別区Ⅲ類 2020

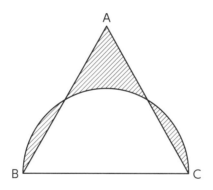

1. $\dfrac{25}{2}\sqrt{3} - \dfrac{25}{6}\pi$ cm²

2. $\dfrac{25}{4}\sqrt{3}$ cm²

3. $\dfrac{5}{3}\pi$ cm²

4. $\dfrac{25}{6}\pi$ cm²

5. $\dfrac{50}{3}\pi$ cm²

斜線部の３つの図形を、図１のように、ア～ウとし、半円の中心をO、AB、ACと半円の交点をD，Eとし、OとD、OとE、DとEを結びます。

　ODとOEは半円の半径で、△ABCは正三角形ですから、<u>△OBD，△ODE，△OCEはいずれも合同な正三角形</u>となり、これらを、図のように①～③とします。

　さらに、<u>おうぎ形ODEから△ODEを除いた部分</u>を④とすると、ア，ウ，④は合同な「弓形」という図形になります。

図１

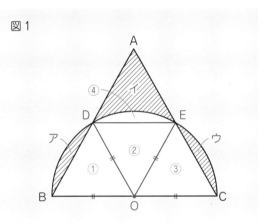

　これより、図２のように、ウの斜線部を④に移動すると、イ＋ウで、△ADEの面積に等しくなるとわかります。△ADEも①～③と合同な正三角形ですので、さらに、これを①に移動すると、ア～ウの斜線部の面積は、図３のように、おうぎ形OBDの面積と等しくなるとわかります。

ナットクいかない方はこちら

△OBDは、OB＝ODの二等辺三角形で、底角は等しくなるね。

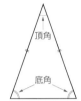

そして、この三角形の底角は60°だから、3つの角はいずれも60°になるよね。△OCEも同じだよ。

そうすると、∠ODEも60°で、OD＝OEだから、図の●の角は全部60°で、1辺の長さも同じだから、合同な正三角形になるんだ！

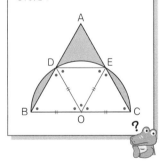

図2

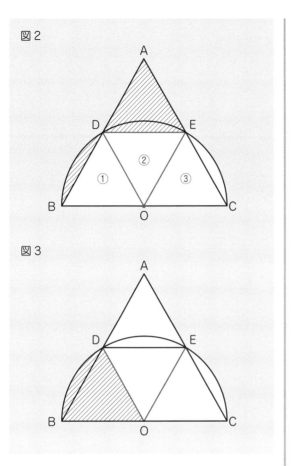

図3

　そうすると、ＢＣ＝10cm より、ＯＢ＝5cm です
から、求める面積は、半径5cm、中心角60°のおう
ぎ形の面積で、次のようになります。

$$5^2 \pi \times \frac{60}{360} = \frac{25}{6} \pi \ (\text{cm}^2)$$

　よって、正解は肢4です。

正解 ④

公 式

円とおうぎ形（半径 r）
①円周 ⇒ $2\pi r$
②おうぎ形の弧の長さ
　⇒ $2\pi r \times \dfrac{\text{中心角}}{360°}$
③円の面積 ⇒ πr^2
④おうぎ形の面積
　⇒ $\pi r^2 \times \dfrac{\text{中心角}}{360°}$

次の図のように、半径2cm、中心角90°の扇形ＢＡＣと半径2cm、中心角90°の扇形ＣＢＤの内部に、ＢＣを直径とする半円があるとき、斜線部分の面積はどれか。ただし、円周率はπとする。 ■特別区Ⅲ類 2015

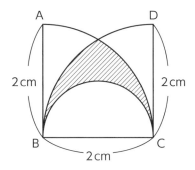

1. $\dfrac{5}{6}\pi - \sqrt{3}\ \mathrm{cm}^2$

2. $\dfrac{5}{6}\pi + \sqrt{3}\ \mathrm{cm}^2$

3. $\dfrac{5}{6}\pi - \dfrac{1}{2}\sqrt{3}\ \mathrm{cm}^2$

4. $\dfrac{1}{3}\pi + \sqrt{3}\ \mathrm{cm}^2$

5. $\dfrac{1}{3}\pi - \sqrt{3}\ \mathrm{cm}^2$

斜線部分は、次の図1の色のついた部分から、直径2cmの半円を除いたものですから、まず、色のついた部分の面積を求めます。図のように、2つのおうぎ形の円弧の交点をＥとして、ＥとＢ、ＥとＣを結ぶと、△ＥＢＣの3辺はいずれも2cmで、正三角形となります。

ＢＥとＣＥは、おうぎ形の半径だからね！

図1

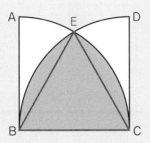

ここで、図2のように、色のついた部分をアとイの2つに分けます。

図2

まず、アの部分は半径2cm、中心角60°のおうぎ形で、面積は次のようになります。

$$2^2 \pi \times \frac{60}{360} = 4\pi \times \frac{1}{6} = \frac{2}{3}\pi \ (\text{cm}^2) \cdots ①$$

また、イの部分は、図3のように、アと同じ大きさのおうぎ形から△EBCを除いたものとなります。

△EBCについては、図4のように、EからBCに垂線EHを下ろすと、BH：EH＝1：$\sqrt{3}$ とわかります。ここから、EH＝$\sqrt{3}$cm とわかり、面積は次のようになります。

$$2 \times \sqrt{3} \div 2 = \sqrt{3} \ (\text{cm}^2) \cdots ②$$

ちょっと補足

△EBCは正三角形だから、EHによって左右対称に分けられ、△EBHは1：2：$\sqrt{3}$ の直角三角形になるんだ！ ここは、次のセクションで詳しく扱うよ。

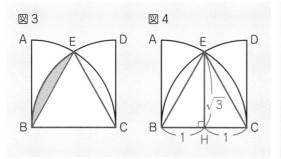

図3　図4

これより、斜線部分の面積は、次のように求められます。

$$\text{ア} + \text{イ} - \text{直径 2 cm の半円}$$
$$= ① + (① - ②) - \text{半径 1 cm の半円}$$
$$= \frac{2}{3}\pi + \left(\frac{2}{3}\pi - \sqrt{3}\right) - 1^2\pi \times \frac{1}{2}$$
$$= \frac{2}{3}\pi + \frac{2}{3}\pi - \sqrt{3} - \frac{1}{2}\pi$$
$$= \frac{5}{6}\pi - \sqrt{3}\ (\text{cm}^2)$$

よって、正解は肢1です。

正解 ①

次の図のように、円Oに内接する四角形ＡＢＣＤがある。∠ＯＢＣ＝37°、∠ＣＡＤ＝33°のとき、∠ＢＣＤの大きさとして、最も妥当なのはどれか。

🏛 警視庁Ⅲ類 2021

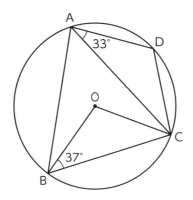

1．94°
2．98°
3．102°
4．106°
5．110°

ＯＢとＯＣはいずれも円の半径で等しいので、△ＯＢＣは二等辺三角形となり、∠ＯＢＣ＝∠ＯＣＢ＝37°ですから、∠ＢＯＣ＝180°－37°×2＝106°とわかります。

そうすると、円周角の定理より、∠ＢＡＣ＝106°
×$\frac{1}{2}$＝53°となり、∠ＢＡＤ＝53°＋33°＝86°と
わかりますね。

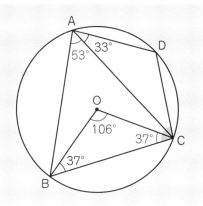

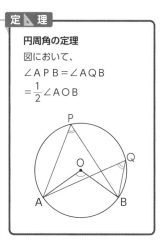

円周角の定理
図において、
∠ＡＰＢ＝∠ＡＱＢ
＝$\frac{1}{2}$∠ＡＯＢ

四角形ＡＢＣＤは円に内接する四角形なので、∠Ｂ
ＣＤ＝180°－∠ＢＡＤ＝180°－86°＝94°となり、
正解は肢１です。

正解①

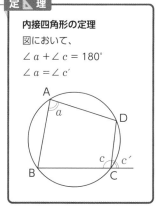

内接四角形の定理
図において、
∠a＋∠c＝180°
∠a＝∠c'

次の図において、4点A，B，C，Dは円Oの周上の点で、ABは直径である。ADの延長線とCBの延長線との交点をEとする。

AB＝10，BD＝5，∠CAD＝45°のとき、∠ABEの大きさとして正しいものはどれか。　　　　　　　　📖裁判所職員一般職 2018

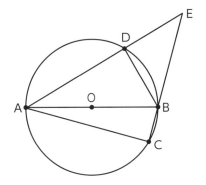

1．120°
2．115°
3．110°
4．105°
5．100°

直径AB＝10より、円Oの半径は5となります。ここで、次の図のように、OとDを結ぶと、条件より、BD＝5で、OB＝OD＝5ですから、△OBDは正三角形となり、∠OBD＝60°とわかりますね。

また、四角形ACBDは円に内接する四角形ですから、∠DBE＝∠CAD＝45°となります。

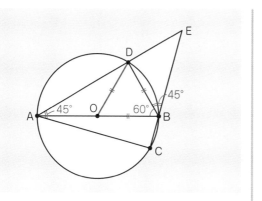

これより、∠ＡＢＥ＝60°＋45°＝105°となり、
正解は肢4です。

次の図のように、三角形ＡＢＣの外接円の点Ａにおける接線と、辺ＢＣを延長
した直線との交点をＰとし、∠ＣＰＡの二等分線と、辺ＡＢ，ＡＣとの交点をそ
れぞれQ，Rとした。いま、∠ＣＰＡが30°、∠ＣＡＰが50°であるとき、∠Ａ
ＱＲの値はどれか。　特別区Ⅲ類 2004

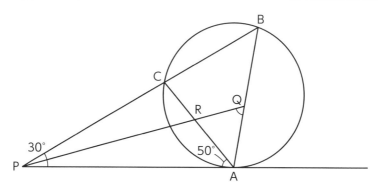

1. 55°
2. 60°
3. 65°
4. 70°
5. 75°

まず、接弦定理より、∠CBA＝∠CAP＝50°がわかりますね。

さらに条件より、∠CPR＝30°× $\frac{1}{2}$ ＝15°ですから、△BPQについて三角形の外角の定理より、∠AQR＝50°＋15°＝65°となります。

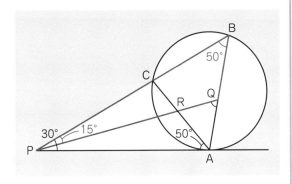

よって、正解は肢3です。

正解③

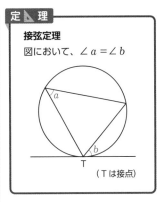

図のような直角三角形の内接円の半径はいくらか。　出典 入国警備官等 2005

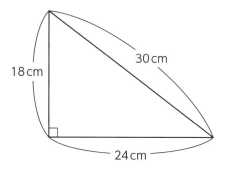

18cm

30cm

24cm

1. 5.8cm
2. 6.0cm
3. 6.4cm
4. 6.8cm
5. 7.0cm

　図1のように、直角三角形の各頂点をA〜C、内接円と各辺の接点をP〜Rとし、それぞれの接点と中心Oを結びます。接線の性質より、半径と接線は垂直に交わりますね。

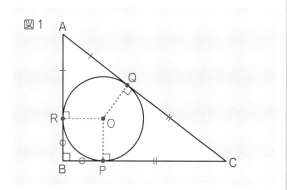

図1

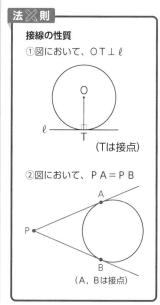

法則

接線の性質

①図において、OT⊥ℓ

（Tは接点）

②図において、PA＝PB

（A，Bは接点）

　さらに、接線の性質より、AR＝AQ，CP＝CQですから、AR＋CP＝30cmなので、RB＋BP＝18＋24−30＝12（cm）となり、RB＝BP＝6cmとわかります。

また、図2のように、四角形ＲＢＰＯは正方形となりますので、内接円の半径ＯＰ，ＯＲの長さは、ＲＢ，ＢＰの長さと等しく、6cm となります。

ナットクいかない方はこちら

内角はすべて直角だから長方形で、さらに、縦と横の長さが同じだから正方形だね。

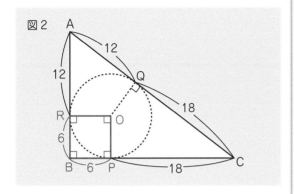

図2

よって、正解は肢2です。

正解②

三平方の定理と相似 ➡ その形を探せ！

ガイダンス ✍

★三平方の定理や相似な図形の性質を使って、辺の長さなどを求める問題です。
 直角三角形や相似な図形に着目して解きましょう。
★出題頻度はやや高めで、図形分野の中心となるところです。

パターン **49**

　よこが16cm、たてが12cmの長方形ＡＢＣＤの紙がある。長方形ＡＢＣＤを対角線ＢＤに沿って2つに折り曲げたとき、図のように重なってできる三角形ＢＤＥの面積はいくらか。　　　　　　　　🏛 裁判所事務官Ⅲ種 2003

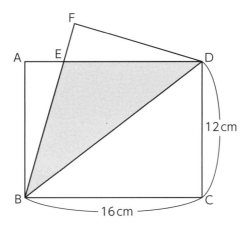

1. 75cm²
2. 76cm²
3. 77cm²
4. 78cm²
5. 79cm²

まず、△ＢＣＤについて、三平方の定理より、

$$BD^2 = 12^2 + 16^2$$
$$BD = \sqrt{12^2 + 16^2} = \sqrt{400} = 20$$

となります。

ここで、図のように、ＥからＢＤへ垂線を下ろし、その足をＧとすると、△ＥＤＧと△ＤＢＣは、∠ＥＧＤ＝∠ＤＣＢ＝90°、ＡＤ∥ＢＣより∠ＥＤＧ＝∠ＤＢＣ（錯角）で、2角が等しいことから相似になります。

これより、ＥＧ：ＧＤ＝ＤＣ：ＣＢ＝3：4がわかりますね。

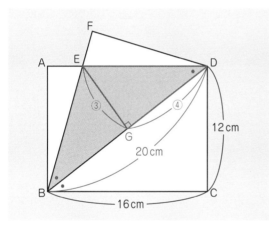

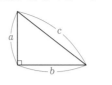

定　理

三平方の定理
図において、$a^2 + b^2 = c^2$

ちょっと補足

次のような、3辺が整数比になる直角三角形は、よく使われるので、覚えておこう！

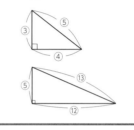

定　理

三角形の相似条件
① 3辺の比がそれぞれ等しい
② 2辺の比とそのはさむ角がそれぞれ等しい
③ 2組の角がそれぞれ等しい

また、△ＤＢＦは△ＤＢＣを折り曲げた図形ですから、∠ＥＢＤ＝∠ＣＢＤ＝∠ＥＤＢですので、△ＥＢＤは二等辺三角形になりますから、左右対称なので、$GD = BD \times \dfrac{1}{2} = 10$（cm）となり、ＥＧの長さは次のように求められます。

$$EG = 10 \times \frac{3}{4} = 7.5 \text{（cm）}$$

よって、△ＢＤＥの面積は、

$$\triangle BDE = BD \times EG \times \frac{1}{2}$$
$$= 20 \times 7.5 \times \frac{1}{2}$$
$$= 75 \; (cm^2)$$

となり、正解は肢 1 です。

 正解 ①

Exercise 71

図において、∠ABP＝∠DCP＝90°，AB＝5，BC＝16，CD＝7とする。点Pが線分BC上を動く点であるとき、線分APと線分PDの長さの和の最小値はいくらか。　**裁判所事務官Ⅲ種 2005**

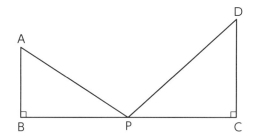

1. 18
2. $\sqrt{89} + \sqrt{103}$
3. 20
4. $5 + \sqrt{305}$
5. 28

点DとBCについて対称な点D´を図1のようにとり、PとD´を結ぶと、PD＝PD´となりますね。

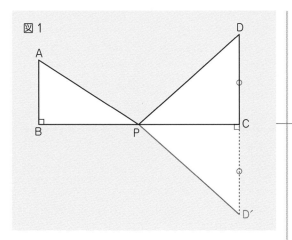

図1

BCを軸に、鏡に映した
ようなイメージだよ！

　そうすると、AP＋PDの値は、AP＋PD′と等しいわけですから、これが最小になるときを考えると、図2のようにA，P，D′が一直線上に並ぶ、つまり、AD′が直線になるときとわかります。

ここが
ポイント！

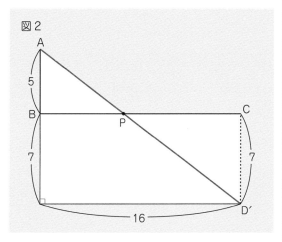

図2

　よって、AD′を1辺とする直角三角形を図のように描くと、AD′の長さは次のように求められます。

$$AD' = \sqrt{(5+7)^2 + 16^2} = 20$$

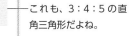

これも、3：4：5の直
角三角形だよね。

従って、正解は肢3ですね。

正解 ③

　図のような四角形ＡＢＣＤがある。∠ＡＢＣと∠ＣＤＡがともに直角であり、辺ＡＢと辺ＢＣの長さが等しく、辺ＣＤと辺ＤＡの長さの比が１：$\sqrt{3}$であるとする。このとき三角形ＡＢＤの面積は、三角形ＢＣＤの面積の何倍か。

出典▶入国警備官等 2001

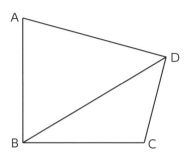

1. $(3 - \sqrt{3})$ 倍
2. $\sqrt{2}$ 倍
3. $\dfrac{3}{2}$ 倍
4. $\sqrt{3}$ 倍
5. 2 倍

　図１のように対角線ＡＣを引くと、ＡＢ＝ＢＣ、∠ＡＢＣ＝90°より、△ＡＢＣは直角二等辺三角形で、3辺の比は１：１：$\sqrt{2}$となります。

　また、ＣＤ：ＤＡ＝１：$\sqrt{3}$、∠ＣＤＡ＝90°より、△ＣＤＡの3辺比は、１：２：$\sqrt{3}$となり、∠ＣＡＤ＝30°、∠ＡＣＤ＝60°の直角三角形であることがわかります。

図1

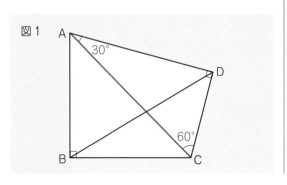

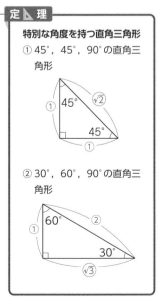

定理

特別な角度を持つ直角三角形

① 45°，45°，90°の直角三角形

② 30°，60°，90°の直角三角形

ここで、∠ＡＢＣ＋∠ＣＤＡ＝90°＋90°＝180°であることから、四角形ＡＢＣＤは円に内接することがわかり、図２のように四角形ＡＢＣＤの外接円を描くと、$\overparen{\text{CD}}$に対する円周角で、∠ＣＢＤ＝∠ＣＡＤ＝30°、$\overparen{\text{AD}}$に対する円周角で、∠ＡＢＤ＝∠ＡＣＤ＝60°とわかります。

図２

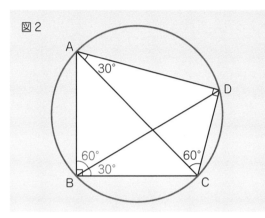

円周角の定理、内接四角形の定理は逆もまた成り立つよ。
つまり、図で∠p＝∠qなら、Ａ〜Ｄは同一円周上にあるし、向かい合う角の和が180°になれば、四角形は円に内接するからね。

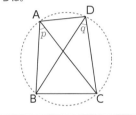

　これより、図３のように、Ａ，ＣからＢＤに対してそれぞれ垂線を引き、その足をＥ，Ｆとすると、ＡＥとＣＦがそれぞれ△ＡＢＤと△ＢＣＤの、ＢＤを底辺としたときの高さに当たりますから、その比がそれぞれの三角形の面積の比になりますね。

底辺が共通だから、高さの比が面積の比になるんだよ！

図３

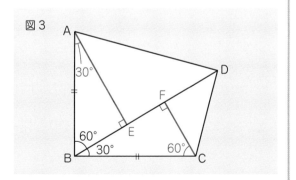

　そして、△ＡＢＥと△ＢＣＦはともに、30°，60°の角を持つ直角三角形で、ＡＢ＝ＢＣですから合同で、ＡＥ：ＣＦ＝$\sqrt{3}$：１となり、これが△ＡＢＤと△ＢＣＤの面積比とわかります。

よって、正解は肢4ですね。

正解 ④ 🖊

Exercise 72

図のように、ある円に外接する正三角形ＡＢＣと、同じ円に内接する正三角形ＤＥＦがある。正三角形ＡＢＣの面積は、正三角形ＤＥＦの面積の何倍か。

刑務官 2019

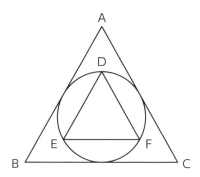

1. 2倍

2. $\dfrac{5}{2}$ 倍

3. 3倍

4. $\dfrac{7}{2}$ 倍

5. 4倍

【解法1】

図1のように、2つの正三角形それぞれの底辺を水平にして、ＡからＢＣに垂線ＡＰを引くと、ＡＰは図を左右対称に分けますので、Ｄと円の中心Ｏを通ります。同様に、ＢからＡＣに引いた垂線ＢＱも、ＥとＯを通りますね。

正三角形の向きをそろえるんだ。

218

図1

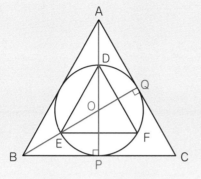

　2つの正三角形の相似で、相似比は対応する長さであるOBとOEの比になりますから、この比を考えましょう。BOは、∠Bを2等分しますので、∠OBP＝30°となり、△OBPは30°，60°，90°の角を持つ直角三角形とわかります。

　これより、OB：OP＝2：1となり、OPは円の半径ですから、OEの長さと等しく、OB：OE＝2：1がわかります。

　よって、△ABCと△DEFの面積比は、$2^2：1^2$＝4：1となり、△ABCは△DEFの面積の4倍で、正解は肢5です。

【解法2】

　△DEFは正三角形なので、図2のように回転させると、頂点が、△ABCと円の接点と一致します。

図2

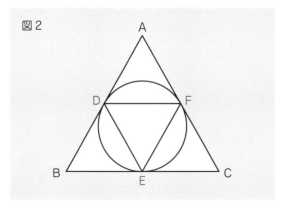

相似比がわかれば、面積比がわかるよね。

法⊠則

相似な図形の面積比と体積比

相似比が $a：b$ である相似な図形について

①面積比 ⇒ $a^2：b^2$

②体積比 ⇒ $a^3：b^3$

3辺比は $1：2：\sqrt{3}$ だよ！

ナットクいかない方はこちら

△ABCは正三角形だから、内接円との接点は円周の三等分点だよね。△DEFも正三角形だから、D，E，Fも円周上の三等分点になるでしょ！

図2において、D，E，Fは、△ABCの辺の中点ですから、△ADF，△DBE，△FECはいずれも△DEFと合同な正三角形になるとわかります。

　よって、△ABCの面積は△DEFの4倍となります。

△ABCは正三角形だから、内接円はど真ん中！

正解⑤ ✐

　下図のように、長方形ABCDを平行線で7等分し、BD間を直線で結んだとき、着色部分アとイの面積の比として、正しいのはどれか。　📖 東京都Ⅲ類 2015

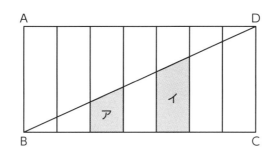

　ア：イ
1. 3：7
2. 4：9
3. 1：2
4. 5：9
5. 4：7

　次の図のように、各点をE〜Lとすると、条件より、縦の線はすべて平行ですから、△BIE∽△BJF∽△BKG∽△BLHで、相似比は、2：3：4：5となります。

BI：BJ：BK：BL の比だよ！

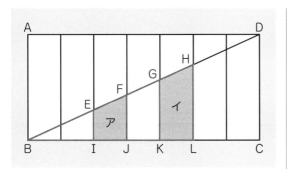

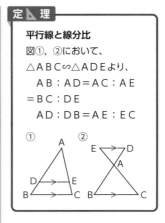

　そうすると、その面積比は、$2^2 : 3^2 : 4^2 : 5^2 =$ $4 : 9 : 16 : 25$ですから、△BIEの面積を4とすると、ア、イの面積は次のようになります。

ア＝△BJF－△BIE＝9－4＝5
イ＝△BLH－△BKG＝25－16＝9

　これより、ア：イ＝5：9となり、正解は肢4です。

正解 ④

下の図のような長方形の土地に道路と公園があるとき、斜線部分の面積として、正しいのはどれか。ただし、道路はまっすぐで、幅は一定とする。

東京都Ⅲ類 2019

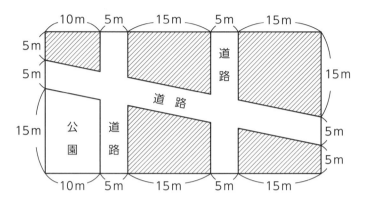

1. 450m²
2. 540m²
3. 660m²
4. 750m²
5. 800m²

まず、縦の道路2本を、図1のように、右端に移動し、横の道路も下へ移動すると、斜線部分と公園を合わせた面積は、40 × 20 = 800（m²）となります。

図1

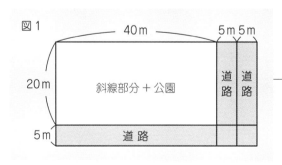

ちょっと補足

横の道路は平行四辺形だから、面積は、底辺×高さ＝5m×50mで、下の長方形と同じになるよね。

あとは、公園の面積がわかれば、800m²からこれを引いて斜線部分の面積がわかりますので、図2の

222

ように、公園の各頂点をA〜Dとすると、四角形ABCDは台形ですから、<u>CDの長さを求めて面積を計算</u>します。

ここで、図のように、土地の右端の点をE，Fとし、AEとBFの延長線の交点をPとすると、△ABP∽△DCP∽△EFPとなりますね。

ちょっと補足

AB（15m）を上底、CDを下底とすると、高さはBC（10m）で、台形の面積の公式「(上底＋下底)×高さ÷2」に代入すればいいね。

図2

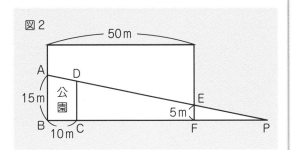

まず、△PEFと△PABの相似比は、EF：AB＝5：15＝1：3ですから、PF：PB＝1：3より、PF：BF＝1：2となり、BF＝50mですから、PF＝25mとわかりますね。

そうすると、△PEFと△PDCの相似比は、<u>PF：PC＝25：65＝5：13</u>ですから、EF：DC＝5：13より、DC＝13mとわかります。

ちょっと補足

CFの長さは40mだから、PC＝25＋40＝65（m）だよ。

これより、公園（四角形ABCD）の面積は、(15＋13)×10÷2＝140（m^2）となり、斜線部分の面積は、800－140＝660（m^2）で、正解は肢3です。

正解③

Exercise 74

次の図のように、同じ大きさの正方形を 2 個並べ、両端の辺を延長した直線と
それぞれの正方形の頂点を通る直線を結んだ台形ＡＢＣＤがある。辺ＡＢの長さ
が 28 cm 、辺ＣＤの長さが 21 cm であるとき、台形ＡＢＣＤの面積はどれか。

特別区Ⅲ類 2019

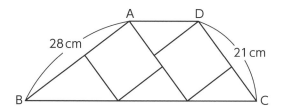

1. 294 cm²
2. 420 cm²
3. 483 cm²
4. 546 cm²
5. 609 cm²

図 1 のように各頂点をＥ～Ｇとします。まず、四
角形ＡＧＣＤについて見ると、ＡＤ∥ＧＣ、ＡＧ∥
ＤＣより、平行四辺形となりますので、ＡＧ＝ＤＣ＝
21 cm となります。

ちょっと補足

四角形ＡＢＣＤは台形だし、
ＡＧとＤＣは正方形の向かい合
う辺を含んでいるからね。

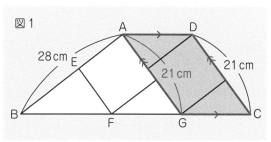

図1

平行四辺形の向かい合う
辺は等しくなるよ！

これより、三角形ＡＢＧは、直角をはさむ 2 辺が
28：21 ＝ 4：3 なので、3 辺比 3：4：5 の直角三角
形とわかります。
さらに、ＥＦ∥ＡＧより、△ＡＢＧ∽△ＥＢＦで
すから、△ＥＢＦもまた、3：4：5 の直角三角形と

なり、ＡＥ＝ＥＦより、ＡＥ：ＥＢ＝３：４とわかり
ます。ここから、ＡＢ＝28cmを３：４に分けて、
ＡＥ＝12cm，ＥＢ＝16cmとなり、正方形の１辺
は12cmとわかりますね（図２）。

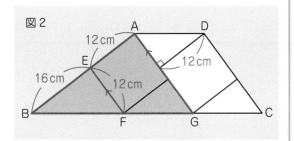

図２

　そうすると、平行四辺形ＡＧＣＤは、ＡＧを底辺と
すると高さは12cmとなり、面積は次のようになり
ます。

この長さも正方形の１辺
だね。

平行四辺形ＡＧＣＤ＝21×12＝252（cm²）…①

　また、直角三角形ＡＢＧの面積は、次のようになり
ますね。

$$\triangle ABG = 28 \times 21 \times \frac{1}{2} = 294 (cm^2) \cdots ②$$

　よって、台形ＡＢＣＤの面積は、①＋②より、252
＋294＝546（cm²）となり、正解は肢４です。

正解 ④

次の図のように、平行四辺形ＡＢＣＤにおいて、辺ＢＣ上に中点Ｍをとり、対角線ＡＣと線分ＤＭの交点をＥとするとき、平行四辺形ＡＢＣＤの面積は三角形ＥＭＣの面積の何倍か。　　　　　特別区Ⅲ類 2003

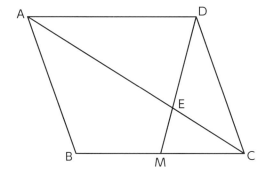

1. 8倍
2. 9倍
3. 10倍
4. 11倍
5. 12倍

ＡＤ／／ＢＣより、△ＡＥＤ∽△ＣＥＭが成り立ち、ＡＤ：ＣＭ＝２：１から、相似比は２：１となります。

　これより、ＤＥ：ＭＥ＝２：１となりますので、底辺分割の定理より、△ＣＤＥ：△ＣＭＥ＝２：１（面積比）がわかります。

　同様に、ＡＥ：ＣＥ＝２：１より、△ＤＡＥ：△ＤＣＥ＝２：１なので、図のように、△ＣＭＥ：△ＣＤＥ：△ＤＡＥ＝１：２：４がわかります。

定 理

底辺分割の定理
図において、
△ＡＢＰと△ＡＣＰの面積を
それぞれS_1，S_2とすると、
$S_1:S_2 = $ＢＰ：ＣＰとなる。

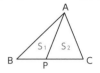

ちょっと補足

△ＡＢＰと△ＡＣＰは、図のように高さが同じなので、底辺の比であるＢＰ：ＣＰが面積の比になるんだよ。

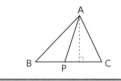

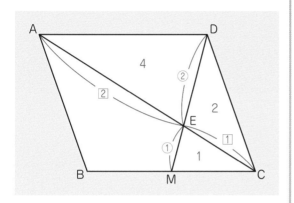

　よって、△ＥＭＣの面積を１とすると、△ＤＡＣの面積は４＋２＝６となり、平行四辺形の性質から、△ＤＡＣ≡△ＢＣＡなので、平行四辺形ＡＢＣＤの面積は６＋６＝１２となります。

　従って、正解は肢５です。

　ちなみに、△ＡＥＤ：△ＣＥＭ＝４：１は、相似な図形の面積比は相似比の２乗であることからも、求められますね。

正解 **5**

図のように三角形ＡＢＣの面積を５等分した。
ＢＣ＝15cmのとき、ＤＥの長さとして正しいものはどれか。

裁判所職員一般職 2020

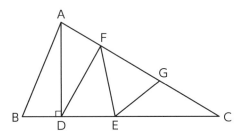

1. 4cm
2. 4.2cm
3. 4.5cm
4. 4.8cm
5. 5cm

まず、図1のように、△ＡＢＣをＡＤで分割した
図について考えると、条件より、△ＡＢＤと△ＡＤＣ
の面積の比は１：４ですから、底辺分割の定理より、
ＢＤ：ＤＣ＝１：４となります。

図1

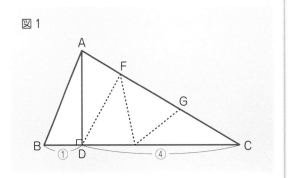

これより、ＢＣ＝15cmですから、次のようにな
ります。

$$BD = 15 \times \frac{1}{5} = 3 \text{ (cm)}$$
$$DC = 15 \times \frac{4}{5} = 12 \text{ (cm)}$$

　次に、図2のように、△FDCをFEで分割した
図について、△FDEと△FECの面積の比は1：2
ですから、同様に、DE：EC＝1：2となります。

図2

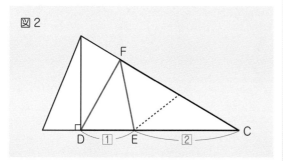

　これより、DC＝12cmですから、次のようにな
ります。

$$DE = 12 \times \frac{1}{3} = 4 \text{ (cm)}$$
$$EC = 12 \times \frac{2}{3} = 8 \text{ (cm)}$$

　よって、正解は肢1です。

正解 1

下図のように、一辺の長さ l の合同な 2 つのひし形A，Bがあり、ひし形Aには 1 個の円Xが内接し、ひし形Bには直径の等しい 2 個の円Yが互いに接しながらひし形Bの 2 辺にそれぞれ接しているとき、円Xの半径 r_1 と円Yの半径 r_2 との比として、正しいのはどれか。 ▶東京都Ⅲ類 2014

A

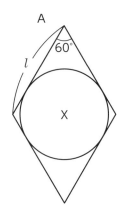

B

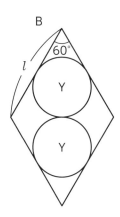

	r_1	:	r_2
1.	3	:	$2\sqrt{2}$
2.	2	:	$\sqrt{3}$
3.	$\sqrt{3}$	:	$\sqrt{2}$
4.	4	:	3
5.	3	:	2

まず、円Yの半径について、図 1 のように、ひし形Bの各頂点をC〜Fとして、DとFを結ぶと、上の円Yは△CDFの内接円となります。△CDFは頂角 A が 60°の二等辺三角形ですから、底角もそれぞれ 60°で、正三角形となりますね。

ちょっと補足

ひし形は 4 辺が等しいから、図は上下左右対称だよね。

これより、<u>内接円Ｙの中心は△ＣＤＦの重心とな</u><u>り</u>、図のように、<u>ＣからＤＦへ垂線ＣＧを引くと、円</u><u>Ｙの中心はＣＧを２：１に分けることになります。</u>

　ここから、円Ｙの半径ＹＧは、ＣＧの$\frac{1}{3}$とわかりますね。

図1

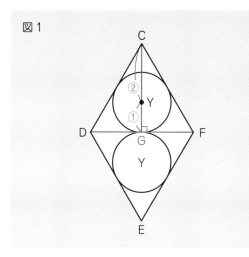

　次に、円Ｘの半径ですが、図２のように、ひし形Ａの各頂点をＨ～Ｋとして、ＩとＫを結ぶと、<u>線分Ｉ</u><u>Ｋは円Ｘの中心を通ることがわかります。</u>

　ここで、図のように、ＨＩとＨＫをそれぞれ延長して円Ｘが内接する正三角形ＨＬＭを作り、ＨからＬＭに垂線ＨＮを引くと、重心の定理より、ＨＸ：ＸＮ＝２：１より、円Ｘの半径ＸＮは、ＨＸの$\frac{1}{2}$とわかります。

正三角形の重心はどまん中の点だから、内接円の中心、外接円の中心と一致するからね。

定理

三角形の重心の定理
図において、△ＡＢＣの重心Ｇは、３本の中線ＡＰ，ＢＱ，ＣＲをそれぞれ２：１に分ける。

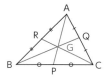

ＡＧ：ＧＰ
＝ＢＧ：ＧＱ
＝ＣＧ：ＧＲ
＝２：１

中線というのは、ＡＰのように、三角形の頂点から向かいの辺の中点に引いた線分のことだよ。

この図も上下対称だからね！

図2

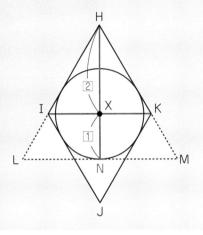

　これより、円 X の半径 r_1 と円 Y の半径 r_2 の比は、次のようになります。

$$r_1 : r_2 = (\text{HXの}\tfrac{1}{2}) : (\text{CGの}\tfrac{1}{3})$$

$$\text{HX} = \text{CGより、} r_1 : r_2 = \frac{1}{2} : \frac{1}{3} = 3 : 2$$

「$\frac{1}{2} : \frac{1}{3}$」の両方に6を掛けて「3:2」。

　よって、正解は肢5です。

正解 ⑤

MEMO

立体図形 ➡ 平面で考えよ！

ガイダンス

★立体図形の体積や表面積などを求める問題ですが、長さなどを求める場合は平面で考えることもよくあります。

★出題頻度はやや高めです。

パターン 53

半径6cm、高さ15cmの金属の円柱がある。この金属の円柱をすべて溶かした後、再び固めて、下図のような半径3cmの円柱の内部に半径2cmの円柱の空洞がある立体に成型した。この立体の高さとして、最も妥当なのはどれか。ただし、金属を溶かした際及び固めた際に体積の変化はなかったものとする。

出典▶警視庁Ⅲ類 2018

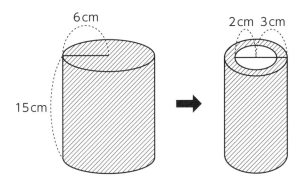

1. 96cm
2. 108cm
3. 120cm
4. 132cm
5. 144cm

はじめの金属の円柱は、底面の半径は $6\,cm$ 、高さ $15\,cm$ ですから、体積は次のようになります。

$$6^2\pi \times 15 = 540\pi \ (\,cm^3\,)$$

　また、成型した後の立体の底面積は、半径 $3\,cm$ の円から半径 $2\,cm$ の円を除いた計算で求められますので、この立体の高さを h とすると、もとの円柱と体積が同じであることから、次のような方程式が立ちます。

$$(3^2\pi - 2^2\pi) \times h = 540\pi$$

　これを解いて、$h = 108$ が得られ、正解は肢2です。

正解 ②

公式

体積の公式

①円柱・角柱の体積

　⇒底面積×高さ

②円すい・角すいの体積

　⇒底面積×高さ×$\dfrac{1}{3}$

③球の体積

　⇒$\dfrac{4}{3}\pi r^3$（半径 r）

計算しよう！

$(9\pi - 4\pi) \times h = 540\pi$

$5\pi h = 540\pi$

$\therefore h = 108$

高さが 18cm の正六角柱の容器に水を入れて密閉したあとで、図Ⅰのように容器を倒し、水平な机の上に置いた。このとき、底面の正六角形の辺ＡＢ，ＣＤの中点をそれぞれＥ，Ｆとすると、水面は図Ⅱのように、線分ＥＦと重なった。次に、この容器を図Ⅲのように、水平な机の上に正六角形の面を下にして置いたとき、水面の高さ h として、最も妥当なのはどれか。　　　　　警視庁Ⅲ類 2021

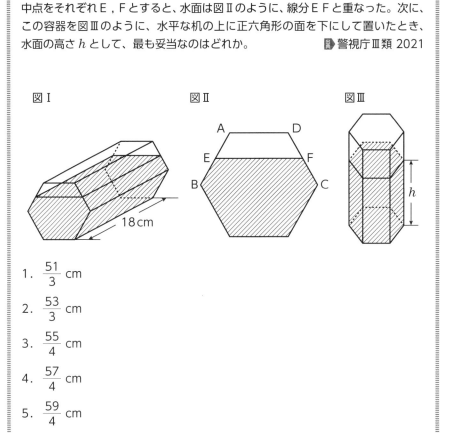

図Ⅰ　　　　　図Ⅱ　　　　　図Ⅲ

1. $\frac{51}{3}$ cm

2. $\frac{53}{3}$ cm

3. $\frac{55}{4}$ cm

4. $\frac{57}{4}$ cm

5. $\frac{59}{4}$ cm

まず、正六角柱全体の体積に対する、水が入っていない部分（次の図１の色つき部分）の体積の割合を調べます。

図1

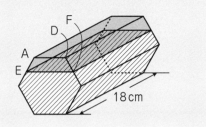

　正六角柱の底面を正六角形とし、水が入っていない
部分の底面を四角形ＡＥＦＤとすると、高さはともに
18cmですから、体積の比は、正六角形の面積：四角
形ＡＥＦＤの面積で表せます。
　ここで、図2のように、正六角形を対角線によっ
て6つの合同な正三角形に分け、対角線の交点をＯ、
対角線とＥＦとの交点を、Ｇ，Ｈとします。
　Ｅ，Ｆは辺の中点なので、ＥＦ／／ＢＣより、△ＡＢＯ∽
△ＡＥＧとなり、相似比は2：1で、面積比は$2^2：1^2$
＝4：1となりますね。

ワンポイントアドバイス
One Point
Advice

正六角形が与えられたら、たい
ていの場合、この作業をするこ
とになるからね。

図2

　そうすると、図3のように、△ＡＥＧの面積を1
とすると、三角形ＡＢＯの面積は4で、四角形ＥＢ
ＯＧの面積は3となり、その他の正三角形について
も同様で、図のような面積比となります。

図3

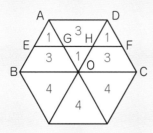

　これより、正六角形の面積と四角形ＡＥＦＤの面積の比は、（4 × 6）:（1 ＋ 3 ＋ 1）＝ 24 : 5 となり、水が入っていない部分の体積は、正六角柱の体積の $\frac{5}{24}$ ですから、水の体積の割合は $\frac{19}{24}$ とわかります。

　そうすると、正六角柱を問題の図Ⅲのように置いたとき、正六角柱の高さ 18 cm に対して、水面の高さは、$18 \times \frac{19}{24} = \frac{57}{4}$（cm）となり、正解は肢 4 です。

正解 ④

パターン 54

展開すると図のようになる正四角すいの体積はいくらか。　出典 刑務官 2005

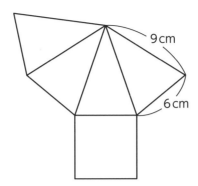

9cm

6cm

1. $24\sqrt{6}\,\text{cm}^3$
2. $36\sqrt{7}\,\text{cm}^3$
3. $48\sqrt{3}\,\text{cm}^3$
4. $54\sqrt{2}\,\text{cm}^3$
5. $72\sqrt{2}\,\text{cm}^3$

　展開図を組み立てて、図１のように見取り図を描きます。正四角すいの頂点をＰ、底面の正方形をＡＢＣＤ、底面の中心（対角線の交点）をＯとして、ＯとＰを結ぶと、ＰＯの長さが正四角すいの高さに当たることがわかります。

　ここで、△ＰＡＣに着目し断面図を描きます。△ＡＢＣは直角二等辺三角形ですから、ＡＣ $= 6\sqrt{2}\,\text{cm}$ となり、図２のような二等辺三角形になりますね。

底面が正方形で、側面がすべて二等辺三角形の角すいのことだよ！

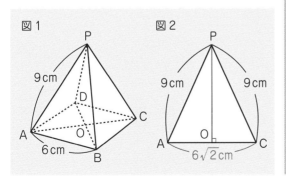

図１

P

9cm

D

C

A

O

6cm

B

図２

P

9cm　9cm

A　O　C

$6\sqrt{2}\,\text{cm}$

これより、△ＰＯＣについて、ＯＣ＝$3\sqrt{2}$cmですから、三平方の定理より、

$$PO = \sqrt{9^2 - (3\sqrt{2})^2} = \sqrt{63} = 3\sqrt{7} \text{（cm）}$$

となり、正四角すいの体積は次のように求められます。

$$6 \times 6 \times 3\sqrt{7} \times \frac{1}{3} = 36\sqrt{7} \text{（cm}^3）$$

よって、正解は肢２ですね。

正解 ②

ナットクいかない方はこちら

二等辺三角形は左右対称だから、ＯＣはＡＣの半分になるでしょ！

角すいの体積の公式は235ページ。

Exercise 78

図のような斜線部分の台形を、Ｙ軸を中心に１回転させてできる立体の体積はいくつか。

東京消防庁Ⅲ類 2004

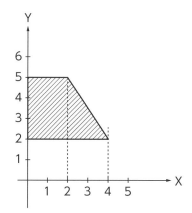

1. 25π
2. 26π
3. 27π
4. 28π
5. 29π

斜線部分の台形をＡＢＣＤとします。図のように、ＣＤの延長線とＹ軸との交点をＰとすると、△ＰＡＤ∽△ＰＢＣで、ＡＤ：ＢＣ＝２：４＝１：２ですから、ＰＡ：ＰＢ＝１：２より、ＰＡ＝３がわかります。

ナットクいかない方はこちら

ＰＡとＰＢの差が３だから、
ＰＡ：（ＰＡ＋３）＝１：２
２ＰＡ＝ＰＡ＋３
∴ＰＡ＝３

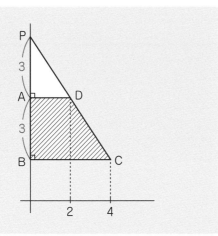

　台形ＡＢＣＤをＹ軸を中心に回転させてできる立体は、△ＰＢＣを回転させてできる円すいから、△ＰＡＤを回転させてできる円すいを除いた、「円すい台」という立体になり、それぞれの円すいの体積は次のように求められます。

こういうヤツ！

① △ＰＢＣを回転させた円すい
$\Rightarrow$ $4^2\pi \times 6 \times \dfrac{1}{3} = 32\pi$

② △ＰＡＤを回転させた円すい
$\Rightarrow$ $2^2\pi \times 3 \times \dfrac{1}{3} = 4\pi$

　よって、①－②より、$32\pi - 4\pi = 28\pi$となり、正解は肢４です。

正解 ④

ちょっと補足

①は底面の半径が４、高さが６の円すい、②は底面の半径が２、高さが３の円すいだからね。ちなみに、２つの円すいは相似で、相似比は２：１だから、体積比は相似比の３乗で８：１になるので、①からその$\dfrac{1}{8}$を引いた値として、$32\pi \times \dfrac{7}{8} = 28\pi$と求めてもOK！

次の図においてAは1辺6cmの正方形から半径6cmの四分円を除いたもの、Bは半径6cmの四分円から半径3cmの半円を除いたもの、Cは半径3cmの半円である。

これらの図形を直線 l を軸として1回転させ回転体を作るとき、図形Aの通過する部分の体積 v_1：図形Cの通過する部分の体積 v_2 の比として正しいものはどれか。

裁判所職員一般職 2019

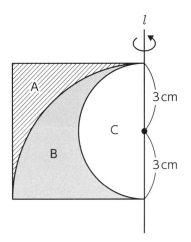

　　$v_1 : v_2$
1.　2 : 1
2.　2 : 3
3.　3 : 1
4.　3 : 2
5.　3 : 4

1辺6cmの正方形、半径6cmの四分円、半径3cmの半円をそれぞれ直線 l を軸として1回転させてできる立体の体積は次のようになります。

① 1辺6cmの正方形を回転
　→半径6cm、高さ6cmの円柱
　　体積 $= 6^2 \pi \times 6 = 216\pi$（cm³）

②半径6cmの四分円を回転
　→半径6cmの半球
　　体積 $= \dfrac{4}{3}\pi \times 6^3 \div 2 = 144\pi$（cm³）

③半径3cmの半円を回転
　→半径3cmの球
　　体積 $= \dfrac{4}{3}\pi \times 3^3 = 36\pi$（cm³）

　図形Aが通過する部分は①－②で、図形Cが通過する部分は③ですから、その体積の比は次のようになります。

$$v_1 : v_2 = (216\pi - 144\pi) : 36\pi$$
$$= 72\pi : 36\pi$$
$$= 2 : 1$$

よって、正解は肢1です。

正解 1

ちょっと補足

①、②はこんな図形だね。

①
6cm
6cm
l

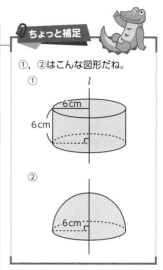

②
6cm

球の体積の公式は235ページ。

図のようなＡＢ＝4cm，ＡＤ＝5cm，ＡＥ＝6cmの直方体がある。直方体の頂点Ａから頂点Ｇに糸の長さが最短になるように糸を張った。糸の張り方は、①辺ＢＣを通過する張り方、②辺ＢＦを通過する張り方、③辺ＥＦを通過する張り方があるが、糸の長さが短いものから順に並べたのはどれか。

国家Ⅲ種 1999

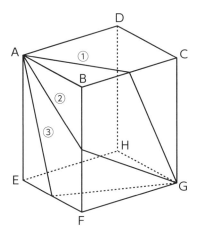

1. ①＜②＜③
2. ①＜③＜②
3. ②＜①＜③
4. ②＜③＜①
5. ③＜②＜①

①～③はいずれも、直方体の2面を通過する張り方ですので、その2面を並べた展開図を描いて、図のように、AとGを直線で結んだ長さを調べます。

最短ってことは、展開図で直線になるよね！

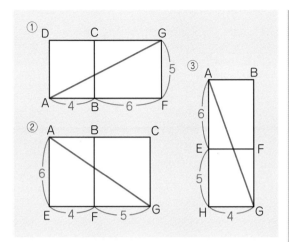

これより、それぞれの展開図において、ＡＧを斜辺とする直角三角形に着目して、三平方の定理よりＡＧの長さを次のように求めます。

① $AG = \sqrt{5^2 + (4+6)^2} = \sqrt{125}$

② $AG = \sqrt{6^2 + (4+5)^2} = \sqrt{117}$

③ $AG = \sqrt{(6+5)^2 + 4^2} = \sqrt{137}$

よって、②＜①＜③がわかり、正解は肢３です。

正解 ③

ワンポイントアドバイス

大小がわかればいいんだから、$\sqrt{}$ の中はカンタンにする必要はないよ！

次の図のように、底面の直径が 12cm 、母線が 36cm の円すいがある。底面の円周上の点Aから、円すいの側面上を最短経路で 1 周して点Aに戻るとき、経路の長さはどれか。　　　　　　　　　　　　　　　特別区Ⅲ類 2002

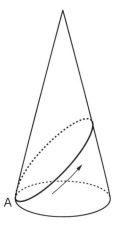

A

1. 36cm
2. 38cm
3. 40cm
4. 42cm
5. 44cm

円すいの頂点をPとし、母線PAで側面を展開します。展開図は図1のようにおうぎ形になり、求める最短距離は図のAどうしを結ぶ直線距離になりますね。

そして、このおうぎ形の弧の長さは、底面の円周と等しいので 12π cm となることがわかります。

ナットクいかない方はこちら

底面の円周と重なるからね。

12π

?

図1

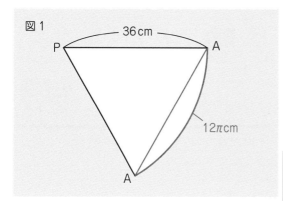

おうぎ形の中心角は、半径 36 cm の円の円周が 72 π cm ですから、

$$360° \times \frac{12\pi}{72\pi} = 360° \times \frac{1}{6} = 60°$$

となり、図2のように、一辺が 36 cm の正三角形が描け、求める最短距離も 36 cm であることがわかります。

図2

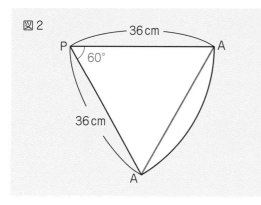

よって、正解は肢1ですね。

正解 ①

ちょっと補足

おうぎ形は円の一部分だから、円全体に対する割合が、図のように $\frac{12\pi}{72\pi} = \frac{1}{6}$ になるので、中心角も 360°の $\frac{1}{6}$ になるんだよ。

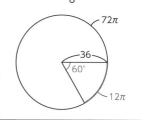

ナットクいかない方はこちら

二等辺三角形は底角が等しく、これが（180° − 60°）÷ 2 = 60° になることから、すべて 60°の正三角形になるよね。

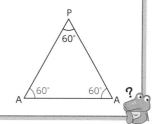

16 実数のデータ ➡ とにかく慣れよ！

重要度

ガイダンス 🖋

★ここから「資料解釈」です。まずは、実数値の表やグラフの問題から始めましょう。
★実数のデータは資料解釈の問題の中では最も多く、単純なデータが多いですが、たまに特殊で複雑なデータもあります。

パターン 56

次の表は 1960 年から 2010 年までの世界の自動車生産台数に関する資料である。ア〜ウの記述のうち、表からいえる正しい記述のみを全て選んだものとして、最も妥当なのはどれか。　　　　　　　　　　　　　📖 出典 ▶ 警視庁Ⅲ類 2018

（単位：千台）

	1960 年	1970 年	1980 年	1990 年	2000 年	2010 年
アメリカ	7,905	8,284	8,010	9,783	12,800	7,743
日　　本	482	5,289	11,043	13,487	10,141	9,629
ド イ ツ	2,056	3,842	3,879	4,977	5,527	5,906
韓　　国	―	29	123	1,322	3,115	4,272
中　　国	23	87	222	509	2,069	18,265
世界合計	16,488	29,419	38,565	48,554	58,374	77,629

ア　1970 年の生産台数に対する 1980 年のそれの増加率が最も高い国は韓国である。

イ　世界合計の生産台数に対するアメリカのそれの割合は、1970 年〜 2010 年の 5 回の調査年において、すべて前回の割合を上回っている。

ウ　この資料中において、世界合計の生産台数に対する各国のそれの割合が最も高いのは、2010 年の中国である。

1．ア
2．ア，イ
3．ア，ウ
4．イ，ウ
5．ウ

ア　1970年 → 1980年の韓国の生産台数は、29 →
123で、4倍以上に増加しています。ここまで増加し
ている国は他にありませんので、アは正しい記述です。

イ　1970年 → 1980年では、世界合計は増加してい
ますが、アメリカは減少しています。すなわち、
1980年のアメリカの割合は1970年を下回っていま
すので、イは正しくありません。

ウ　2010年の中国は18,265で、世界合計77,629
の $\frac{1}{4}$ にやや及びません。対して、1960年のアメリ
カは7,905で、世界合計16,488の $\frac{1}{2}$ 近くになりま
す。

　よって、1960年のアメリカのほうが高く、ウは正
しくありません。

　以上より、正しい記述はアのみで、正解は肢1で
す。

正解 ①

資料解釈の解説では、
基本的に単位は省略
するからね！

$\dfrac{アメリカ}{世界合計}$ の、分母が増えて分
子が減ったので、分数は小さく
なったわけね！

深呼吸

　表は、ある公園の利用者のうち、子ども連れの全てのグループについて、1日当たりのグループ数を、グループ構成別に示したものである。これから確実にいえるのはどれか。　　　　　　　　　　　　　　　　　　刑務官 2019

グループ構成	休日	平日
父と母と子	74	47
父と子	66	16
母と子	65	81
祖父母と父と母と子	1	2
祖父母と父と子	0	3
祖父母と母と子	3	4
祖父母と子	18	10

(単位：組)

1．休日においては、父親が含まれる子ども連れのグループの数は、母親が含まれる子ども連れのグループの数よりも多い。
2．平日においては、父親が含まれる子ども連れのグループの数は、母親が含まれる子ども連れのグループの数の3割より少ない。
3．平日においては、子ども連れのグループの8割以上に母親が含まれている。
4．祖父母が含まれる子ども連れのグループが子ども連れのグループ全体に占める割合は、休日の方が平日よりも高い。
5．休日の1日当たりの利用者数は、平日の1日当たりの利用者数の1.5倍以上である。

次のように、各グループ構成をA～Gとします。

	グループ構成	休日	平日
A	父と母と子	74	47
B	父と子	66	16
C	母と子	65	81
D	祖父母と父と母と子	1	2
E	祖父母と父と子	0	3
F	祖父母と母と子	3	4
G	祖父母と子	18	10

(単位：組)

肢1 父親が含まれるのは、A，B，D，E、母親が含まれるのは、A，C，D，Fですから、共通するAとDを除いて、休日のグループ数を合計すると、次のようになります。

効率よく比較する工夫をしよう！

B＋E　66＋0＝66
C＋F　65＋3＝68

これより、母親が含まれるグループ数のほうが多いとわかり、本肢は確実にはいえません。

肢2 平日のそれぞれのグループ数を合計すると、次のようになります。

父を含む　A＋B＋D＋E＝47＋16＋2＋3＝68
母を含む　A＋C＋D＋F＝47＋81＋2＋4＝134

母親が含まれる134の3割は40ちょっとですから、父親が含まれる68は、これを上回りますね。本肢は確実にはいえません。

肢3 母親が含まれる（A，C，D，F）の平日の合計は、肢2より134で、それ以外の平日の合計は、B＋E＋G＝16＋3＋10＝29ですから、平日の合計は134＋29＝163となります。29は163の2割に足りませんので、母親が含まれる134は163の8割以上とわかります。よって、本肢は確実にいえます。

肢4 休日のグループ数を合計すると、74＋66＋65＋1＋0＋3＋18＝227で、平日の合計は、肢3より163ですね。では、祖父母が含まれるD〜Gの合計を計算しましょう。

休日　1＋0＋3＋18＝22
平日　2＋3＋4＋10＝19

休日の22は合計227の1割に及びませんが、平日の19は合計163の1割を上回ります。

One Point Advice

「68÷134」を計算してもいいんだけど、「3割より少ないかどうか」がわかればいいので、より早く判断できるよう努力しよう！　資料解釈は時間との戦いだからね。

ちょっと補足

163の1割は16.3だから、2割は30を超えるでしょ！
「134が8割以上になるか」より「29が2割以下になるか」のほうがわかりやすいよね。

よって、平日のほうが高く、本肢は確実にはいえません。

肢5 問われているのは「利用者数」ですが、各グループの人数は不明ですから、「利用者数」が1.5倍以上かは判断できず、本肢は確実にはいえません。

正解

ちょっと補足

祖父母は、祖父と祖母の片方かもしれないし、両方かもしれない。子どもも何人かわからないしね。

Exercise 82

表は、ある地域におけるA〜Eの施設について示したものである。これからいえることとして最も妥当なのはどれか。

ただし、ここでいう充足率とは、定員に対する現員の比（%）を指すものとする。

出典 入国警備官等 2021

施設		A施設	B施設	C施設	D施設	E施設
施設数 （単位：か所）		134	602	43	58	123
利用 対象者	定員 （単位：人）	3,865	33,017	1,962	3,753	826
	現員 （単位：人）	2,939	27,828	1,358	1,397	486
職員総数 （単位：人）		4,539	16,672	995	1,788	519

1. 1施設当たりの定員を施設別にみると、最も大きい値は最も小さい値の5倍未満である。
2. 充足率を施設別にみると、最も大きい値（%）と最も小さい値（%）の差は60ポイントより大きい。
3. 施設別にみると、現員1人当たりの職員数が1人を超える施設は三つある。
4. 1施設当たりの職員数が最も少ない施設は、現員1人当たりの職員数が最も多い。
5. 充足率が最も大きい施設は、1施設当たりの定員も最も大きい。

肢1 「定員÷施設数」について見ると、A～Dはいずれも10以上ありますが、<u>Eだけは10に足りません</u>ので、最も小さいのはEとわかります。

―7にも満たないね！

また、最も大きいのはDで、<u>60を超えており</u>、Eの5倍を超えますね。

よって、本肢は妥当ではありません。

肢2 現員が定員の半数に満たないのはDだけですから、最も小さいのはDですが、現員1,397は定員3,753の30％以上あります。

そうすると、<u>Dとの差が60ポイントより大きいとなると、90％以上となりますが、そのような施設はありませんね。</u>

よって、本肢は妥当ではありません。

肢3 現員1人当たりの職員数が1人を超えるということは、現員より職員のほうが多いということですね。

そのような施設は、A，D，Eの3つですから、本肢は妥当です。

肢4 「職員総数÷施設数」について見ると、肢1と同様に、Eだけが10に足りませんので、最も少ないのはEです。

では、「職員総数÷現員」が最も多いのがEかを確認すると、Eは519÷486で、1.1にも及びませんが、Aは4,539÷2,939で1.5以上あり、Aのほうが多いとわかります。

よって、本肢は妥当ではありません。

肢5 充足率が最も大きいのは、唯一80％を超えているBですが、1施設当たりの定員が最も大きいのは、肢1より、Dですね。

よって、本肢は妥当ではありません。

正解 ③

ちょっと補足

最大がどれかはわからなくても、Eの5倍を超えるところが見つかれば、本肢は切っていいよね。

ちょっと補足

最も大きいのはBで約84％だね。
ちなみに、「ポイント」とは、％で表した数値の差を表すときの単位だよ。

Exercise 83

下の表は世界の漁業・養殖業生産量の推移（抜粋）を示したものである。この表から言えることとして最も妥当なものはどれか。　　📖裁判所職員一般職 2019

「世界の漁業・養殖業生産量の推移」（抜粋）

（単位：万トン）

	1970年	1980年	1990年	2000年	2016年
中　　　国	378	581	1,468	4,328	8,153
アメリカ合衆国	296	387	594	522	538
日　　　本	931	1,112	1,105	638	436
ペ　ル　ー	1,248	271	687	1,067	391
ノルウェー	298	254	195	338	353
そ　の　他	3,587	4,953	6,230	6,746	10,353
世　界　計	6,738	7,558	10,279	13,639	20,224

（水産庁『平成29年度水産白書』より作成）

1. 1970年のペルー及び1980年の日本の生産量についてみると、いずれも世界計に占める割合が約20%である。
2. 世界の生産量の合計についてみると、2000年には1970年の生産量の2倍を超えており、2000年と2016年とを比べると生産量は約70%増加している。
3. 1970年と2016年を比べると、世界の生産量の合計に占める中国の生産量の割合は約3倍になっている。
4. 日本の生産量についてみると、2016年には2000年の生産量の6割を超えているが、2016年と1990年とを比べると2016年は1990年の生産量の40%未満である。
5. ノルウェーの1980年生産量を100とすると、ノルウェーの2016年の生産量は389と表すことができる。

肢1　1970年のペルーは1,248で、世界計6,738の20%に近いですが、1980年の日本は1,112で、世界計7,558の20%にはかなり足りません。よって、本肢は妥当ではありません。

肢2　2000年の世界計は13,639で、1970年の6,738の2倍を超えていますね。しかし、2016年の20,224は、2000年の13,639に比べて7,000まで増えていませんので、70%も増加していませんね。

7,558の10%は755.8だから、20%では1,500を超えるよね。

10,000の70%で7,000だから、13,639の70%はもっと大きいでしょ！

254

本肢は妥当ではありません。

肢3 1970 年の中国は 378 で、世界計 6,738 の 10%に及びません。対して、2016 年の中国は 8,153 で、世界計 20,224 の 40%を超えます。

よって、約 3 倍とはいえず、本肢は妥当ではありません。

肢4 日本の 2000 年は 638 で、これの 6 割は 400 弱ですから、2016 年の 436 は 6 割を超えています。

また、1990 年は 1,105 で、これの 40%は 440 を超えますから、2016 年の 436 は 40%未満です。よって、本肢は妥当です。

肢5 ノルウェーの 2016 年は 353 ですから、1980 年の 254 の 2 倍にも及びません。よって、1980 年を 100 とすると、2016 年は 200 にも及ばないことになり、本肢は妥当ではありません。

正解 ④

700 の 6 割でも 420 だからね。

┌─ 小太郎の電卓部屋 ─┐

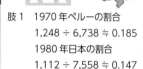

肢1 1970 年ペルーの割合
1,248 ÷ 6,738 ≒ 0.185
1980 年日本の割合
1,112 ÷ 7,558 ≒ 0.147
肢2 20,224 ÷ 13,639 ≒ 1.48
（増加率 48%）
肢4 436 ÷ 638 ≒ 0.683
436 ÷ 1,105 ≒ 0.395

　下のグラフは、東京都の降水量を月別に調べ、1月からの累計をまとめたものである。このグラフから判断できることとして、最も妥当なのはどれか。

🔖東京消防庁Ⅲ類 2018

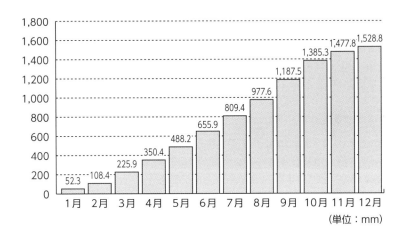

（単位：mm）

1．1年の中で降水量が最も多かったのは7月である。
2．1月から6月までの降水量の平均は、7月から12月までの降水量の平均を上回る。
3．11月降水量よりも12月の降水量の方が多かった。
4．9月と10月の2か月間の降水量は400mm以上であった。
5．1年間の中で降水量が最も少なかったのは1月である。

肢1　データは累計ですから、その月の数字から前月の数字を引けば、その月の降水量がわかります。
　7月の降水量は、809.4 − 655.9で150程度ですが、9月のそれは、1187.5 − 977.6で200以上あります。
　よって、9月のほうが多く、本肢は妥当ではありません。

肢2　1月から6月までの6カ月間の合計は655.9ですが、7月から12月までの6カ月間の合計は、1528.8 − 655.9で、明らかに655.9を上回ります。同じ6カ月間ですから、合計が大きいほうが平均も大きくなりますので、7月から12月のほうが大きく、本肢は妥当ではありません。

肢3 11月の降水量は、1477.8 − 1385.3 で 90 以上ありますが、12 月のそれは、1528.8 − 1477.8 で 50 程度です。

　よって、11 月のほうが多く、本肢は妥当ではありません。

肢4 10 月の累計から 8 月の累計を引いて計算すると、1385.3 − 977.6 = 407.7 で、400 以上ありますね。本肢は妥当です。

肢5 1 月の降水量は 52.3 ですが、12 月の降水量を計算すると、1528.8 − 1477.8 = 51.0 となります。

　よって、12 月のほうが少なく、本肢は妥当ではありません。

正解

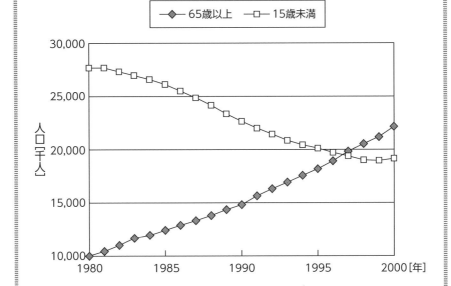

Exercise 84

次のグラフは、65 歳以上と 15 歳未満の人口の推移を示している。このグラフから判断できることとして、最も妥当なのはどれか。　出典 東京消防庁Ⅲ類 2005

1. 総人口に対して 65 歳以上の人口の占める割合は、年々増加している。
2. 総人口に対して 15 歳未満の人口の占める割合は、年々減少している。
3. 65 歳以上と 15 歳未満の人口の差は、年々縮まってきている。
4. 1980 年から 2000 年にかけて、65 歳以上の増加人口と 15 歳未満の減少人口は、ほぼ同数である。
5. 65 歳以上の人口において、1980 年から 1990 年の増加人口よりも、1990 年から 2000 年の増加人口のほうが多い。

肢1，2　それぞれの年における総人口が不明ですので、総人口に占める割合は、与えられたグラフからでは判断できません。

よって、肢1，2とも妥当ではありませんね。

肢3　1997 年までは年々縮まっていたのですが、その後はまた差が広がっていますね。本肢は妥当ではありません。

肢4　65 歳以上の増加人口は、およそ 22,000 − 10,000 = 12,000 ですが、15 歳未満の減少人口は、

ワンポイントアドバイス
One Point Advice

資料解釈の問題は、その資料から客観的に判断できることじゃなきゃ、たとえ事実でも正解にはならないんだよ。

およそ 28,000 − 19,000 = 9,000 で、ほぼ同数と
はいえませんね。本肢は妥当ではありません。

肢 5 1980 年から 1990 年の増加人口は 5,000 程度
ですが、1990 年から 2000 年の増加人口は 7,000
程度で、後者が多いですね。本肢は妥当です。

正解

次は 1998 ～ 2002 年度のアイスクリーム，アイスミルク，ラクトアイス及び氷菓の販売物量について、種類別に前年度の販売物量との差を示したものである。これから確実にいえるのはどれか。　　　　　🏛入国警備官等 2004

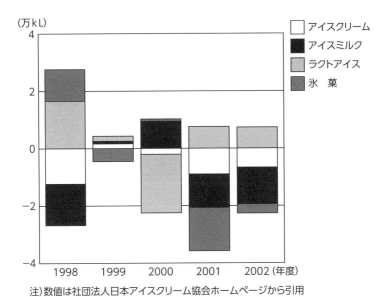

注）数値は社団法人日本アイスクリーム協会ホームページから引用

1．1997 年度の最も販売物量が多かったのは、アイスクリームである。
2．1998 年度のアイスミルクの販売物量は、前年度に比べて 2 万 kL 以上減少した。
3．1999 年度の総販売物量は、1998 ～ 2002 年度の 5 年間で最も少ない。
4．2001 年度の対前年度減少率が最も大きいのは、氷菓である。
5．2002 年度のラクトアイスの販売物量は、1997 年度のそれを超えている。

肢 1　グラフは前年度の販売物量との差を示すもので、種類別の販売物量を比較できるデータはありません。

よって、この資料からは判断不可能で、本肢は確実にはいえません。

肢 2　1998 年度のアイスミルクの減少量は、<u>2 万 kL</u>に満たないのは、グラフから明らかですね。本肢も確実にはいえません。

肢 3　2000 年度のグラフを見ると、増加量より減少量のほうが大きいので、2000 年度の総販売物量は

ナットクいかない方はこちら

1998 年度のアイスミルクを示すグラフの幅は、1 目盛り（2万 kL）の幅より明らかに小さいよね。せいぜい 1 万 2 ～ 3 千 kL かな。

1999 年度より減少していることがわかります。

　よって、最も少ないのは 1999 年度ではなく、本肢は確実にはいえません。

肢 4　2001 年度は 3 種類が減少しており、減少量は氷菓が最も大きいようですが、「減少率」は前年の値に対する割合になりますので、<u>実際の販売物量が不明であることから、減少率を比べることはできません</u>ね。本肢は確実にはいえません。

肢 5　ラクトアイスは 2000 年度のみ減少していますが、他の 4 カ年は増加しており、増加量の合計のほうが 2000 年度の減少量より明らかに大きいので、この 5 年間では増加していると考えられます。

　よって、2002 年度の販売物量は、<u>1997 年度より多く</u>、本肢は確実にいえますね。

正解⑤

ナットクいかない方はこちら

たとえば、氷菓の販売物量が他の何十倍もあったら、少しくらい減少量が多くても、減少率はわずかだよね。　**?**

ちょっと補足

1997 年度のデータはないけど、1998 年度は 1997 年度との差を示すので、1997 年度から比較の対象になるからね。

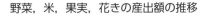

次の図から確実にいえるのはどれか。

📖 特別区 Ⅲ類 2021

野菜，米，果実，花きの産出額の推移

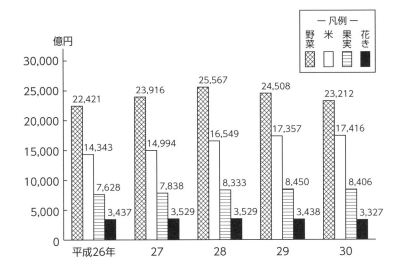

1. 図中の各年とも、果実の産出額は、花きの産出額の 2.5 倍を下回っている。
2. 平成 27 年から平成 30 年までの各年における果実の産出額の対前年増加額の平均は、200 億円を上回っている。
3. 平成 30 年の野菜の産出額を 100 としたときの平成 26 年のそれの指数は、90 を下回っている。
4. 図中の野菜，米，果実，花きのうち、平成 28 年における産出額の対前年増加率が最も大きいのは、米である。
5. 平成 27 年において、野菜の産出額の対前年増加額は、花きの産出額のそれの 17 倍より大きい。

肢 1 平成 30 年の果実は 8,406 で、花き 3,327 の 2.5 倍を上回っています。

よって、本肢は確実にはいえません。

3,350 × 2.5 ＝ 8,375 だから、3,327 の 2.5 倍はこれより小さいからね。

肢 2 平成 26 年 → 30 年の 4 年間で、果実は 7,628 → 8,406 ですから、増加額は 800 に及びません。

よって、1 年当たり平均では 200 に及ばず、本肢は確実にはいえません。

肢3 平成 30 年の野菜は 23,212 で、26 年は 22,421 ですから、その差は 1,000 にも足りず、23,212 の 1 割には及びません。

よって、1 割以上少ないことはなく、指数 90 を下回っていませんので、本肢は確実にはいえません。

肢4 米の平成 27 年 → 28 年は、14,994 → 16,549 で 1,500 以上増えており、対前年増加率は 10%以上になります。

他にこのような作物はないので、米が最も大きく、本肢は確実にいえます。

肢5 平成 26 年 → 27 年 で、野菜は 22,421 → 23,916 で増加額は 1,500 に足りません。

一方、花きのそれは 3,437 → 3,529 で、90 以上増加しており、これの 17 倍は、90 × 17 = 1,530 以上になります。

よって、野菜の増加額は花きの増加額の 17 倍に及ばず、本肢は確実にはいえません。

正解 ④

小太郎の電卓部屋

27 年に対する 28 年の比率を計算するよ。
野菜 25,567÷23,916≒1.07
米 16,549÷14,994≒1.1
果実 8,333÷7,838≒1.06
花き 3,529÷3,529≒1.0

Exercise 87

図は、土産店における、ある年の1月～12月の間の購入者数と土産物の売上個数を示したものであるが、これから確実にいえるのはどれか。

国家一般職 2016

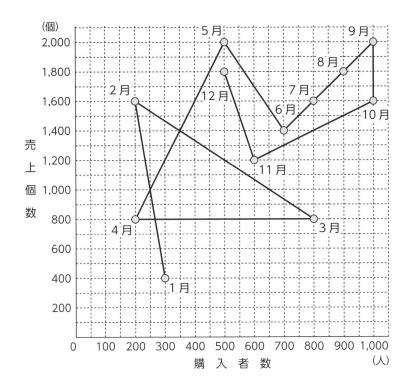

1. 2月～12月のうち、前月からの売上個数の増加率が最も大きいのは5月であった。
2. 2月～12月のうち、購入者数が前月より減少したのは3回であった。
3. 7月、8月、9月は、購入者1人当たりの売上個数が、いずれも前月より増加していた。
4. 売上個数が連続して1,600個以上となっていた期間は、最長で5か月間であった。
5. 11月及び12月は、購入者1人当たりの売上個数が、いずれも前月より増加していた。

肢1 売上個数の4月→5月は、800→2,000で2.5倍に増加しています。対して、1月→2月のそれは、400→1,600で4倍に増加していますので、増加率は2月のほうが大きいですね。本肢は確実にはいえません。

肢2 購入者数が前月より減少したのは、2月、4月、11月、12月の4回で、本肢は確実にはいえません。

肢3 6月、7月、8月、9月の「売上個数 ÷ 購入者数」を計算すると、次のようになります。

> 6月　1,400 ÷ 700 = 2.0
> 7月　1,600 ÷ 800 = 2.0
> 8月　1,800 ÷ 900 = 2.0
> 9月　2,000 ÷ 1,000 = 2.0

　よって、いずれも同じとわかり、本肢は確実にはいえません。

肢4 売上個数が連続して1,600個以上となったのは、7月から10月の4か月間が最長です。よって、本肢は確実にはいえません。

肢5 10月、11月、12月の「売上個数 ÷ 購入者数」を計算すると、次のようになります。

> 10月　1,600 ÷ 1,000 = 1.6
> 11月　1,200 ÷ 600 = 2.0
> 12月　1,800 ÷ 500 = 3.6

　よって、11月、12月とも、1人当たり売上個数は増加しており、本肢は確実にいえます。

正解 **⑤**

6月～9月はいずれも原点を通る直線上にあるので、購入者数と売上個数は比例の関係になる。このとき、1人当たり売上個数は常に一定になるんだ。

11月→12月は、購入者数が減少しているのに、売上個数は増加しているから、計算するまでもなく、1人当たり売上個数は増えてるよね。

構成比のデータ ➡ 計算は省略せよ！

重要度

ガイダンス 🖊

★構成比を扱う表やグラフの問題で、構成比と実数を合わせたデータが多いです。
★出題頻度は「実数のデータ」と並んで高く、資料解釈の重要項目です。

パターン 58

　下の表は、主な果物の都道府県別生産量の割合の 1 位から 5 位までをまとめたものである。この表から判断できることとして、最も妥当なのはどれか。

📖 東京消防庁Ⅲ類 2018

	みかん	りんご	ぶどう	もも
生産量合計 （万トン）	77.8	81.2	18.1	12.2
1 位	和歌山 20.6%	青 森 57.9%	山 梨 22.9%	山 梨 31.7%
2 位	愛 媛 15.5%	長 野 19.4%	長 野 15.7%	福 島 21.8%
3 位	静 岡 13.0%	山 形 6.2%	山 形 10.1%	長 野 13.0%
4 位	熊 本 9.6%	岩 手 6.0%	岡 山 9.0%	和歌山 7.7%
5 位	長 崎 6.9%	福 島 3.2%	福 岡 4.6%	山 形 6.7%

1．長崎県のみかんの生産量は岡山県のぶどうの生産量よりも少ない。
2．長野県のぶどうとももの生産量を合計すると、同県のりんごの生産量よりも多い。
3．表中において、果物の生産量の合計が最も少ない県は福島県である。
4．表中において、果物の生産量の合計が最も多い県は青森県である。
5．表中において、山形県の果物の生産量の合計は長野県の果物の生産量の合計よりも多い。

肢 1　各県の生産量は、生産量合計×構成比（割合）で求められます。これより、長崎県のみかんと岡山県のぶどうを、次のように比較してみましょう。

（みかん長崎） （ぶどう岡山）

4倍以上

77.8 × 0.069　　18.1 × 0.09

2倍未満

たとえば、次のように、互いに2倍なら掛けた値は同じだよね。

2倍

100 × 20 ＝ 200 × 10

2倍

でも、次のような場合は、比率の大きいほうが掛けた値が大きくなるでしょ！

2倍

100 × 30 ＞ 200 × 10

3倍

　生産量合計は、みかんのほうが多く、ぶどうの4倍以上ありますね。これに対し、構成比のほうは岡山のほうが大きいですが、長崎の2倍に足りません。

　そうすると、これらを掛け合わせた値は、長崎のみかんのほうが大きくなるとわかり、本肢は妥当ではありません。

肢2　ぶどうとももの生産量合計を足し合わせても、18.1 ＋ 12.2 ＝ 30.3 で、りんごの 81.2 の半分にも足りません。さらに、長野県の構成比も、ぶどうやももよりりんごのほうが大きいので、ぶどうとももの合計よりりんごの生産量のほうが多いと判断でき、本肢は妥当ではありません。

肢3　福島は、表中ではりんごとももにランクインしています。対して、福岡はぶどうのみで、それぞれの生産量を見ると、明らかに福島のほうが大きいですね。本肢は妥当ではありません。

福島のりんご ＝ 81.2 × 0.032
福岡のぶどう ＝ 18.1 × 0.046
これだけでも十分前者のほうが大きいとわかるでしょ！

肢4　青森のりんごは、81.2 × 0.579 で、40 以上ありますね。他にこのような県はありませんので、青森が最も多く、本肢は妥当です。

肢5　山形と長野はいずれも、りんご、ぶどう、ももの3種類にランクインしていますが、どの果物でも、長野のほうが構成比は大きいので、長野の生産量のほうが多いと判断でき、本肢は妥当ではありません。

正解 **④**

Exercise 88

下のグラフは、2013 年のドイツとロシアの主要食糧需給について示したものである。これらのグラフからいえることとして最も妥当なものはどれか。

📖 裁判所職員一般職 2021

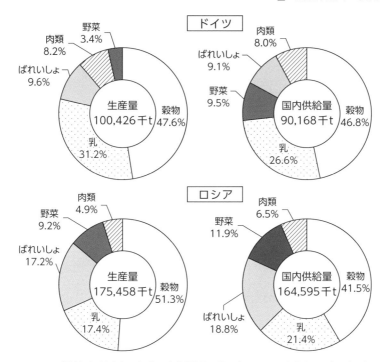

（公益財団法人矢野恒太記念会『世界国勢図会2019/20年版』より引用・加工）

1．ドイツの「ばれいしょ」の国内供給量は、生産量と比較して 1 割以上少ない。
2．ドイツの「乳」の生産量は、ロシアのそれよりも 5,000 千t 以上多い。
3．ロシアの「穀物」の生産量を 100 とした場合、ドイツのそれは 40 以下である。
4．「野菜」については、ドイツよりもロシアの方が生産量と国内供給量の差が大きい。
5．4 つのグラフの「肉類」の量を比較すると、最も多いのはドイツの生産量である。

肢 1　ドイツの生産量 100,426 に対して国内供給量は 90,168 ですから、90％に及びません。

さらに、「ばれいしょ」の構成比は、生産量より国内供給量のほうが小さいので、国内供給量の「総数 × 構成比」は、生産量のそれより 1 割以上少ないです。

よって、本肢は妥当です。

肢2 ドイツの「乳」の生産量は、100,426 × 31.2% で、31,000 〜 32,000 です。

一方、ロシアのそれは、175,458 × 17.4%で、これは 30,000 ほどになります。

よって、その差は 5,000 には及ばず、本肢は妥当ではありません。

肢3 ドイツの生産量は 100,426 ですから、ロシアの生産量 175,458 の 60% 近くあります。

さらに、ドイツの「穀物」の構成比は「47.6％」ですから、ロシアの「51.3％」の 90% 以上あります。

よって、「生産量 × 構成比」の割合は、0.6 × 0.9 = 0.54 程度となり、指数 40 を上回ります。

肢4 ドイツの「野菜」の生産量は、100,426 × 3.4% で、3,500 弱です。また、国内供給量は、90,168 × 9.5%で、8,000 以上ですから、その差は 4,500 以上あります。

一方、ロシアの「野菜」の生産量は、175,458 × 9.2% で、16,000 程度です。また、国内供給量は、164,595 × 11.9%で、19,000 〜 20,000 ですから、その差は 4,000 以下になります。

よって、ロシアのほうが差は小さいと判断でき、本肢は妥当ではありません。

肢5 「肉類」のドイツの生産量は、100,426 × 8.2% で、これは 9,000 に及びません。

一方、ロシアの国内供給量は、164,595 × 6.5%で、9,000 を超えます。

よって、最も多いのは、ドイツの生産量ではなく、本肢は妥当ではありません。

正解 ①

ちょっと補足

170,000 × 17% = 28,900 だから、これより多いよね。

小太郎の電卓部屋

ドイツの「穀物」
100,426 × 0.476 ≒ 47,803
ロシアの「穀物」
175,458 × 0.513 ≒ 90,010
ドイツ÷ロシア
47,803 ÷ 90,010 ≒ 0.53

小太郎の電卓部屋

計算面倒だし、後回しが賢明かな！
ドイツ
100,426 × 0.034 ≒ 3,414
90,168 × 0.095 ≒ 8,566
8,566 − 3,414 = 5,152
ロシア
175,458 × 0.092 ≒ 16,142
164,595 × 0.119 ≒ 19,587
19,587 − 16,142 = 3,445

小太郎の電卓部屋

ドイツの生産量
100,426 × 0.082 ≒ 8,235
ロシアの国内供給量
164,595 × 0.065 ≒ 10,699

表は、A～Jの10都道府県について、平成27年の農業産出額、産出額が上位3位までの品目及びその品目の各都道府県の農業産出額における構成比を示したものである。これから確実にいえるのはどれか。　出典 国家一般職 2018

都道府県	農業産出額（億円）	1位品目		2位品目		3位品目	
		品目	構成比（％）	品目	構成比（％）	品目	構成比（％）
A	11,852	生乳	29.9	米	9.7	肉用牛	8.2
B	1,237	みかん	16.4	米	10.9	豚	10.4
C	1,011	みかん	27.4	うめ	10.2	かき	8.5
D	2,191	米	16.9	いちご	9.5	鶏卵	6.5
E	2,723	米	19.2	生乳	12.7	いちご	10.0
F	2,204	みかん	11.5	茶（生葉）	8.9	米	8.3
G	935	肉用牛	20.0	さとうきび	17.3	豚	12.8
H	2,420	米	17.4	レタス	12.4	りんご	11.5
I	3,348	トマト	13.9	肉用牛	11.2	米	10.8
J	3,068	りんご	26.8	米	13.8	豚	8.4

1．AとEの米の産出額は、いずれも500億円を超えている。
2．肉用牛の産出額についてみると、AはIの3倍を超えている。
3．A～Jのうち、みかんの産出額が最も大きいのは、Bである。
4．Gのさとうきびの産出額は、Dのいちごの産出額を超えている。
5．りんごの産出額についてみると、JはHの4倍を超えている。

肢1　Aの米の産出額は、農業産出額 <u>11,852 の 9.7%</u> ですから、明らかに 500 を上回ります。また、Eのそれは、<u>2,723 の 19.2%</u> で、こちらも 500 以上でしょう。

　よって、いずれも 500 億円を超えており、本肢は確実にいえます。

肢2　次のように、Iの肉用牛を3倍して、Aと比較します。

— 11,852 の 1 割弱だから、1,000 以上あるね。

— 2,723 の 20%弱だね。10%で 272.3 だから、500 はあるでしょ！

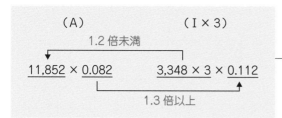

「×3」はどこでもいい
ので、解説の都合上、こ
の順番にするね。

　Ⅰの農業産出額3,348を3倍すると10,000を超えますので、Aの11,852はこれの1.2倍に及びません。しかし、両者の肉用牛の構成比の差は11.2－8.2＝3.0で、これは8.2の3割以上ですから、ⅠはAの1.3倍以上あります。

　よって、Ⅰの3倍のほうがAより大きくなり、本肢は確実にはいえません。

肢3　BとCのみかんを、次のように比較します。

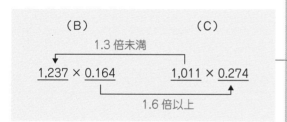

「1.3倍」とか「1.6倍」
とかまで考えなくても、
大小関係がわかればOK！

　よって、Cのほうが大きく、本肢は確実にはいえません。

肢4　GのさとうきびとDのいちごを、次のように比較します。

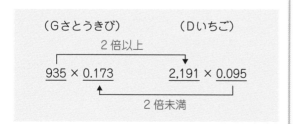

　よって、Dのいちごのほうが大きく、本肢は確実にはいえません。

肢5　肢2と同様に、Hのりんごを4倍してJと比

較します。

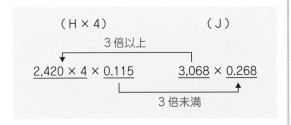

よって、Hの4倍のほうがJより大きく、本肢は
確実にはいえません。

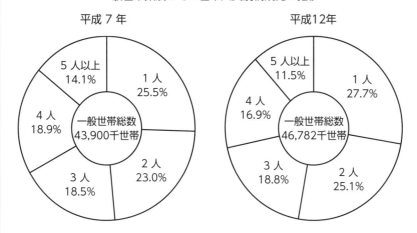

パターン 59

次の図から確実にいえるのはどれか。　　　　　　📖特別区Ⅲ類 2005

一般世帯数及びその世帯人員別構成比の推移

平成 7 年

- 5 人以上 14.1%
- 1 人 25.5%
- 4 人 18.9%
- 一般世帯総数 43,900千世帯
- 3 人 18.5%
- 2 人 23.0%

平成 12 年

- 5 人以上 11.5%
- 1 人 27.7%
- 4 人 16.9%
- 一般世帯総数 46,782千世帯
- 3 人 18.8%
- 2 人 25.1%

1. 平成 12 年における「4 人」の一般世帯数に対する「1 人」の一般世帯数の比率は、平成 7 年におけるそれを下回っている。
2. 平成 7 年の「5 人以上」の一般世帯数は、平成 12 年のそれを下回っている。
3. 「3 人」の一般世帯数の平成 7 年に対する平成 12 年の増加数は、70 万世帯を上回っている。
4. 平成 7 年の「2 人」の一般世帯数を 100 としたときの平成 12 年のそれの指数は、110 を上回っている。
5. 一般世帯総数の平成 7 年に対する平成 12 年の増加率は、5%より小さい。

肢 1　「4 人」に対する「1 人」の比率は次の式で求められますね。

（平成 7 年）	（平成 12 年）
$\dfrac{43,900 \times 0.255}{43,900 \times 0.189}$	$\dfrac{46,782 \times 0.277}{46,782 \times 0.169}$

　それぞれで総数は共通なので、構成比のみで分数として見ると、平成 12 年のほうが分母が小さく分子が大きいので、明らかに 7 年＜ 12 年ですね。
　よって、12 年は 7 年を下回っていませんので、本肢は確実にはいえません。

肢2 「5人以上」の世帯数を次のように比較します。

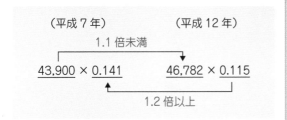

平成7年のほうが大きいことがわかりますので、本肢は確実にはいえません。

肢3 これは計算が必要ですね。後回しでしょう。

肢4 「2人」の世帯数を次のように比較します。

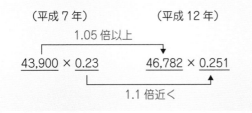

総数の差は2,882で、43,900の1割には満たないですが、1割の半分以上はありますので、1.05倍以上にはなりますし、構成比の差は2.1％で、こちらは23％の1割近くありますから、1.1倍近くになります。そうすると、これらを掛け合わせた値は1.1倍を上回ることは明らかですので、平成7年を100とすると、12年は110を上回ります。本肢は確実にいえますね。

肢5 肢4の解説より、5％を超えることはわかりますね。本肢は確実にはいえません。

正解 ④

小太郎の電卓部屋

「3人」の世帯数の増加数を計算するよ。
7年
43,900 × 0.185 ≒ 8,122
12年
46,782 × 0.188 ≒ 8,795
増加数
8,795 − 8,122 = 673(千世帯)
約67万世帯で、70万世帯には満たないね。

小太郎の電卓部屋

「2人」の世帯数を計算するよ。
7年
43,900 × 0.23 = 10,097
12年
46,782 × 0.251 ≒ 11,742
7年に対する12年の比率は、
11,742 ÷ 10,097 ≒ 1.16 で、
1.1倍を上回るね。

図は、ある国の総輸出額と輸出先の国別割合の推移の状況を示したものである。
この図から確実にいえるのはどれか。 🔹海上保安大学校等 2002

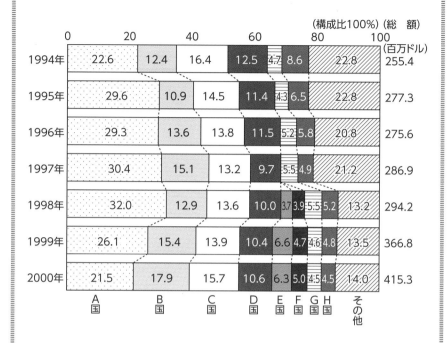

1．A国については、2000年は1996年に比較して全体に占める割合は低くなっ
   ているが、輸出額は多くなっている。
2．B国については、2000年の輸出額は1996年の輸出額の約3倍となってい
   る。
3．C国への輸出額は、1994年以来常に前年を上回っており、一貫して増加して
   いる。
4．1994年と2000年の輸出額を比較すると、D国とH国は、増加率がほぼ同
   じになっている。
5．G国については、2000年の輸出額は1997年の輸出額に比較すると減少し
   ている。

肢1 1996年より2000年のほうがA国の構成比は
低くなっていますので、割合が低くなっているのは確
実です。輸出額については次のように比較してみま
しょう。

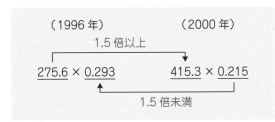

（1996年）　　　　　（2000年）

1.5倍以上

275.6×0.293　　　415.3×0.215

1.5倍未満

ちょっと補足

総額の差は140ほどあるので、275.6の5割以上あるから、1.5倍以上だね。構成比のほうは、21.5%の1.5倍以上だと30%は超えないとダメでしょ！

　これより、2000年のほうが大きいことがわかりますので、本肢は確実にいえますね。

肢2　B国について、1996年と2000年を次のように比較します。

（1996年）　　　　　（2000年）

1.5倍強

275.6×0.136　　　415.3×0.179

1.3倍強

ちょっと補足

総額が1.5倍くらいだから、構成比が2倍くらいないと、掛けて3倍にはならないよね。ちなみに、

$275.6 \times 0.136 ≒ 37.5$
$415.3 \times 0.179 ≒ 74.3$

なので、約2倍だよ！

　3倍には遠いようですね。本肢は確実にはいえません。

肢3　1995年から1996年にかけては、総額とC国の構成比がともに減少していますので、1996年の輸出額は前年より明らかに減少しています。本肢は確実にはいえません。

肢4　次のように、1994年に対する2000年の割合で、増加率を比較します。

（D国）　　　　　　（H国）

$$\frac{415.3 \times 0.106}{255.4 \times 0.125} \qquad \frac{415.3 \times 0.045}{255.4 \times 0.086}$$

小太郎の電卓部屋

それぞれの割合を計算するよ。

D国　$\dfrac{415.3 \times 0.106}{255.4 \times 0.125} ≒ 1.38$

H国　$\dfrac{415.3 \times 0.045}{255.4 \times 0.086} ≒ 0.85$

D国は約38%の増加で、H国は約15%の減少だね。

　ここも、構成比の部分だけで比較できますね。H国の構成比は半分近くまで減っていますが、D国の構成比はそんなに減少していませんね。よって、増加率がほぼ同じとはいえず、本肢は確実にはいえません。

肢5　G国について、1997年と2000年を次のよう

に比較します。

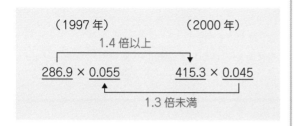

（1997年）　　　　（2000年）

1.4倍以上

286.9 × 0.055　　　415.3 × 0.045

1.3倍未満

　2000年のほうが大きいですね。本肢も確実にはい
えません。

正解 ①

　ある調査機関は、子ども743人と保護者1,058人を対象に携帯電話に関するアンケートを行った。図は、そのアンケート結果をまとめたものである。これから確実にいえることとして最も妥当なのはどれか。

　ただし、全員が以下の質問に答えたものとし、その他の回答や無回答はなかったものとする。　　　　　　　　　　　　　　　　　　　📖 国家一般職 2022

【図　携帯電話に関するアンケート結果】

Q1：（子ども・保護者に対する質問）自分自身の携帯電話の利用時間をどのように感じていますか？

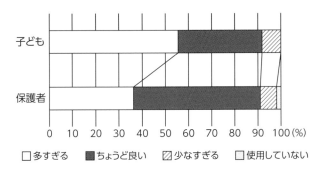

Q2：（子どもに対する質問）携帯電話に気を取られて、自分の保護者が自分との会話に集中していないと感じることがどのくらいありますか？

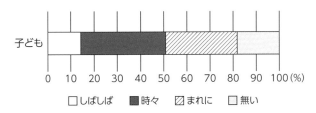

Q3：（保護者に対する質問）携帯電話に気を取られて、自分の子どもが自分との会話に集中していないと感じることがどのくらいありますか？

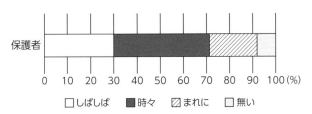

1．Q1で「多すぎる」と回答した子どもと保護者の数は、合計900人以上である。
2．Q3で「しばしば」と回答した保護者の数は、Q2で「しばしば」と回答した子どもの数の2倍未満である。
3．Q1で「少なすぎる」と回答した子どもの数と、Q3で「無い」と回答した保護者の数の差の絶対値は10未満である。
4．Q1で「ちょうど良い」と回答した保護者の数は、Q2で「しばしば」と回答した子どもと「時々」と回答した子どもの数の合計よりも100人以上多い。
5．Q1で「多すぎる」と回答した保護者のうち、40%以上がQ3で「しばしば」と回答した。

肢1　Q1で「多すぎる」と回答した子どもは、743人のうちの約55%で、これは 450人に及びません。

また、保護者のそれは1,058人のうちの36〜37%で、こちらも 450人に及びません。

よって、合計で900人には及ばず、本肢は確実にはいえません。

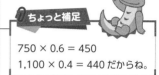

ちょっと補足

750 × 0.6 = 450
1,100 × 0.4 = 440 だからね。

肢2　Q3で「しばしば」と回答した保護者は、1,058人のうちの約30%で、300人以上います。

また、Q2で「しばしば」と回答した子どもは、743人のうち約14%ですから、120人に及びません。

よって、前者は後者の2倍以上で、本肢は確実にはいえません。

ちょっと補足

800 × 0.15 = 120 だからね。

肢3　Q1で「少なすぎる」と回答した子どもは、743人のうち約8%で、60人未満です。

また、Q3で「無い」と回答した保護者は、1,058人のうち約8%で、80人以上です。

よって、その差は20以上で、本肢は確実にはいえません。

ちょっと補足

750 × 0.08 = 60 だからね。

肢4　Q1で「ちょうど良い」と回答した保護者は、1,058人のうちの約55%で、550人以上です。

また、Q2で「しばしば」または「時々」と回答した子どもを合わせると、743人のうち51〜52%で、400人に及びません。

よって、前者は後者より100人以上多く、本肢は確実にいえます。

肢5　保護者のうち、Q1で「多すぎる」と回答した

のは 36 〜 37％で、Ｑ３で「しばしば」と回答した
のは約 30％ですが、前者のうちのどれだけの人が後
者に該当しているかは不明です。

　よって、本肢は確実にはいえません。

正解 ④

ちょっと補足

合わせて 100％を超えないの
で、前者のうち後者に該当する
人がまったくいない可能性もあ
るよね。
もちろん、40％以上いる可能
性もあるけどね。

Exercise 92

次の図から正しくいえるのはどれか。　　　　　出典 東京都Ⅲ類 2019

日本におけるきのこ類 4 品目の生産量の構成比の推移

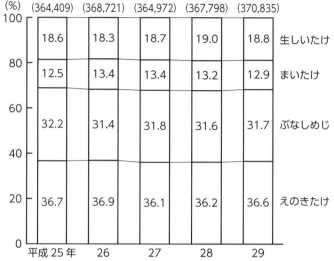

(注)（　）内の数値は、きのこ類 4 品目の生産量の合計（単位：トン）を示す。

1. 平成 25 年についてみると、えのきたけの生産量は、ぶなしめじの生産量を 20,000 トン以上、上回っている。
2. 平成 25 年におけるまいたけの生産量を 100 としたとき、26 年におけるまいたけの生産量の指数は 120 を下回っている。
3. 平成 26 年から 28 年までの 3 か年における生しいたけの生産量の累計は、180,000 トンを下回っている。
4. 平成 26 年から 29 年までの各年についてみると、生しいたけの生産量に対するえのきたけの生産量の比率は、いずれの年も 2.0 を上回っている。
5. 平成 27 年から 29 年までのうち、まいたけの生産量が最も多いのは 29 年であり、最も少ないのは 28 年である。

肢 1　平成 25 年のえのきたけとぶなしめじの構成比の差は 36.7 − 32.2 ＝ 4.5 ですから、この年の合計 364,409 の 4.5％が両者の生産量の差になりますが、これは 20,000 以上にはなりませんね。

　　よって、本肢は正しくいえません。

肢 2　平成 25 年 → 26 年で、合計は 364,409 → 368,721 で 4,300 ほど増加していますが、これは

400,000 の 5％で 20,000 だから、明らかに足りないよね。

364,409 の 1 %ちょっとです。また、まいたけの構成比も 12.5 → 13.4 で 0.9 増加していますが、これは 12.5 の 10%に及びません。

よって、合計 × 構成比が 20%も増加していることはありませんので、25 年を 100 とした 26 年の指数は 120 を下回り、本肢は正しくいえます。

肢3 平成 26 年から 28 年までの 3 か年は、合計はいずれも 360,000 を超えており、生しいたけの構成比は 18 % を超えています。360,000 × 0.18 ＝ 64,800 ですから、生しいたけの生産量はいずれも 64,800 を超えており、累計で 180,000 を超えます。よって、本肢は正しくいえません。

肢4 平成 26 年から 29 年の各年において、生しいたけの構成比に対してえのきたけの構成比が 2.0 倍を上回っているのは 26 年だけですね。従って、26 年以外は生産量も 2.0 倍を下回るとわかり、本肢は正しくいえません。

肢5 まいたけの平成 28 年と 29 年を比較しましょう。28 年 → 29 年で、合計は 367,798 → 370,835 で、3,000 ちょっと増加していますが、これは 367,798 の 1 %に足りません。また、まいたけの構成比は 13.2 → 12.9 で、その差は 0.3 ですが、これは 12.9 の 1%を上回ります。

よって、次のようになり、まいたけの生産量は 28 年 > 29 年とわかります。

（平成 28 年）　　　（平成 29 年）
1.01 倍未満
367,798 × 0.132　　　370,835 × 0.129
1.01 倍以上

これより、最も多いのは 29 年ではなく、最も少ないのは 28 年でもありませんので、本肢は正しくいえません。

正解 ②

計算しよう！

まいたけの生産量を計算するよ。
25 年　364,409×0.125≒45,551
26 年　368,721×0.134≒49,409
27 年　364,972×0.134≒48,906
28 年　367,798×0.132≒48,549
29 年　370,835×0.129≒47,838
肢 2
26 年÷25 年
49,409÷45,551≒1.085
26 年の指数→108.5
肢 5　最多→27 年　最少→29 年

MEMO

18 増加率のデータ ➡ テクニックで乗り切れ！

重要度

ガイダンス

★対前年増加率などを扱う表やグラフの問題です。

★出題頻度は、実数や構成比のデータほど高くはありませんが、テクニックを覚えれば短時間で解ける問題が多いですよ。

パターン 60

次の表から確実にいえるのはどれか。　　　　　　　　　　　　　　出典 特別区Ⅲ類 2005

主要産業別新規求人数の対前年増加率の推移

(単位　%)

産　　　　　業	1999 年	2000	2001	2002	2003
建　　設　　業	△　5.4	2.9	△　0.9	△ 10.0	1.4
製　　造　　業	△ 14.2	24.7	△ 16.9	△　5.0	17.7
運　輸　・　通　信　業	△　1.4	15.6	4.3	△　3.9	9.4
卸売・小売業，飲食店	△　1.6	12.9	3.4	△　3.5	6.3
金融・保険業，不動産業	△　1.2	5.4	4.0	0.1	1.4
サ　ー　ビ　ス　業	1.5	28.4	8.6	5.0	21.5

(注)　1　△は、マイナスを示す。

　　　2　新規学卒及びパートタイムを除く。

1. 2002 年において、「建設業」の新規求人数の対前年減少数は、「運輸・通信業」の新規求人数のそれの 3 倍を下回っている。
2. 表中の各産業とも、2003 年の新規求人数は、1998 年のそれを上回っている。
3. 表中の各年のうち、「サービス業」の新規求人数が最も多いのは、2000 年である。
4. 「卸売・小売業，飲食店」の新規求人数の 1998 年に対する 2000 年の増加率は、「金融・保険業，不動産業」の新規求人数のそれの 2 倍より小さい。
5. 2001 年の「製造業」の新規求人数の対前年減少数は、2003 年の「製造業」の新規求人数の対前年増加数を上回っている。

肢1 データは各産業の「増加率」ですから、ここから産業別の減少数を比較することはできません。本肢は判断不可能で、確実にはいえませんね。

肢2 「建設業」は、2000年と2003年にわずかに増加していますが、他の年は減少で、数値を比較しても減少の割合のほうが明らかに高いので、2003年の求人数は1998年より減少していると見ていいでしょう。従って、本肢は確実にはいえません。

ちなみに、「建設業」の1998年の求人数を100とすると、2003年の値は、それぞれ前年の値に「1＋増加率」を掛けて、次の計算で求めます。

$$100 \times (1 - 0.054) \times (1 + 0.029)$$
$$\times (1 - 0.009) \times (1 - 0.1) \times (1 + 0.014)$$
$$= 100 \times 0.946 \times 1.029 \times 0.991 \times 0.9 \times 1.014$$
$$\fallingdotseq 88.0$$

これより、約12%の減少とわかりますが、この計算はかなり面倒ですね。

ところで、次の計算は、100に各年の増加率を足した（減少は引いた）値ですが、比べてみてください。

$$100 - 5.4 + 2.9 - 0.9 - 10.0 + 1.4 = 88.0$$

きちんと計算した値と、ほぼ同じですね。

つまり、このような小さな増加率の場合は、増加率を足し算した値とあまり差はないので、ほとんどの場合はこれで判断できることになります。もちろん、多少の誤差はあるので、そこは適当に加減してください。微妙な数値になるときは、足し算だけで判断するのは危ないですよ。

肢3 「サービス業」の2001年の対前年増加率がプラスの値ですので、2000年より増加しています。よって、最も多いのは2000年ではなく、本肢は確実にはいえません。

ちょっと補足

1999年の値は1998年に対する増加率だから、表中になくても、1998年から比較できるからね。

ナットクいかない方はこちら

前年を100として、10%増加すると、110だけど、これは、前年の値に、1 + 0.1 = 1.1を掛けた値だからね！
ちなみに、減少は「1 －減少率」

普通は、もうちょっと誤差があるんだけどね！

 ちょっと補足

たとえば次のように、増加率が大きくなると、誤差も大きくなるからね。

① 2年連続20%増加の場合
$100 \times 1.2 \times 1.2 = 144$
$100 + 20 + 20 = 140$ 誤差 4

② 2年連続50%増加の場合
$100 \times 1.5 \times 1.5 = 225$
$100 + 50 + 50 = 200$ 誤差 25

ここがポイント!

肢4 1998 年に対する 2000 年の増加率は、肢2と同様に、1999 年と 2000 年の増加率を足し算して比べると、

> 卸売・小売業，飲食店　　−1.6 + 12.9 = 11.3
> 金融・保険業，不動産業　−1.2 + 5.4 = 4.2

となり、多少の誤差を加味しても、前者は後者の2倍より大きいと判断できるでしょう。本肢は確実にはいえません。

肢5 「製造業」の 2000 年の値を 100 とすると、2001 年の減少数は 16.9 ですね。

　また、2001 年、2002 年の減少率を合わせると、この2年で 20％以上の減少とみられ、2002 年の値は 80 以下となりますから、2003 年の増加数は、80 × 0.177 ≒ 14.2 以下ですので、2001 年の減少数はこれを上回ることは明らかですね。

　よって、本肢は確実にいえます。

正解 ⑤

Exercise 93

次の表から確実にいえるのはどれか。

特別区Ⅲ類 2019

輸送機関別国内貨物輸送量の対前年度増加率の推移

(単位　%)

区　　分	平成24年度	25	26	27	28
鉄　　道	6.2	4.2	△ 1.5	△ 0.5	2.0
自 動 車	△ 2.9	△ 0.5	△ 0.7	△ 0.6	2.1
内航海運	1.4	3.4	△ 2.4	△ 1.0	△ 0.3
航　　空	1.8	5.7	2.4	△ 1.0	△ 2.2

(注) △は、マイナスを示す。

1. 平成 28 年度の自動車の国内貨物輸送量は、平成 24 年度のそれの 1.1 倍を上回っている。
2. 平成 24 年度の航空の国内貨物輸送量を 100 としたときの平成 27 年度のそれの指数は、110 を下回っている。
3. 表中の各年度のうち、鉄道の国内貨物輸送量が最も多いのは、平成 24 年度である。
4. 平成 26 年度において、自動車の国内貨物輸送量の対前年度減少量は、内航海運の国内貨物輸送量のそれを下回っている。
5. 鉄道の国内貨物輸送量の平成 25 年度に対する平成 27 年度の減少率は、内航海運の国内貨物輸送量のそれより大きい。

肢 1　自動車の平成 25 年度から 28 年度の対前年度増加率を足し合わせると、− 0.5 − 0.7 − 0.6 + 2.1 = 0.3（%）ですから、多少の誤差を加味しても 10%も増えているとはいえません。

　よって、1.1 倍を上回ることはなく、本肢は確実にはいえません。

前問の肢 2 で確認したテクニックだよ！

肢 2　同様に、航空の平成 25 年度から 27 年度の対前年度増加率を足し合わせると 7.1%となり、やはり、10%も増加していないことがわかります。

　よって、27 年度の指数は 110 を下回り、本肢は確実にいえます。

肢 3　鉄道の平成 25 年度の対前年度増加率はプラスですから、24 年度より増加しています。

　よって、最も多いのは 24 年度ではありません。

肢4 データは各輸送機関の対前年度増加率ですから、自動車と内航海運の減少量を比較することはできません。

よって、本肢は判断不可能で、確実にはいえません。

 異なる輸送機関の減少量は比較できないよね。

肢5 鉄道と内航海運の平成 26 年度と 27 年度の対前年度増加率をそれぞれ足し算して比較します。

$$鉄道 \quad -1.5 - 0.5 = -2.0$$
$$内航海運 \quad -2.4 - 1.0 = -3.4$$

これより、内航海運の減少率のほうが大きいと判断でき、本肢は確実にはいえません。

正解②

Exercise 94

表は、ある国における消費者物価指数の対前年上昇率を表したものである。この表から確実にいえるのはどれか。　　📖 海上保安大学校等 2002

（単位：%）

	1995 年	1996 年	1997 年	1998 年	1999 年	2000 年
総　　合	12.0	9.6	8.3	4.3	3.5	7.7
食　　料	12.6	9.5	6.8	3.8	1.5	5.6
住　　居	7.9	7.6	5.9	4.3	5.1	4.9
光　　熱	14.7	6.2	12.0	−3.0	1.9	39.3
被　　服	5.5	8.4	4.8	4.0	4.0	7.9
雑　　費	15.8	11.4	11.8	5.9	5.0	7.0

1．1996 年から 1997 年まで、総合的にみて物価は下がっている。
2．住居の物価指数についてみると、2000 年は 1994 年の 2 倍以上になっている。
3．1999 年の光熱の物価指数は 1997 年のそれより低い。
4．1998 年と 1999 年の被服の物価指数は同じである。
5．物価上昇率が最も低いのは常に食料である。

肢1　総合の 1997 年を見ると、前年に比べて 8.3％上昇していることがわかります。

　よって、下がっていませんので本肢は確実にはいえません。

肢2　住居の 1995 年から 2000 年までの対前年上昇率をすべて足し合わせても 40％にも満たないので、誤差を大きめに考えても、2 倍以上にはなっていないことがわかるでしょう。本肢は確実にはいえません。

肢3　光熱の 1998 年と 1999 年の対前年上昇率を足し算すると、−3.0 ＋ 1.9 ＝ −1.1 ですから、誤差を考慮しても、1997 年に対する 1999 年の上昇率は明らかにマイナスで、1999 年のほうが低いですね。本肢は確実にいえます。

肢4　被服の 1999 年の対前年上昇率を見ると、1998 年より 4.0％上昇していることがわかりますので、同じではありません。本肢は確実にはいえません。

肢5　対前年上昇率が最も低いのが食料なのは 1999 年のみです。本肢は確実にはいえません。

正解 ③ 🖋️

ちょっと補足

1998 年と 1999 年は上昇率は同じだけど、物価指数が同じということではないから、気をつけてね。

次の図から正しくいえるのはどれか。　　　　　　　　🔲 東京都Ⅲ類 2022

4 麦の作付面積の**前年産に対する増加率**の推移

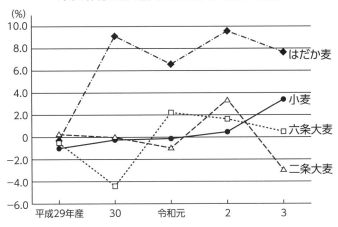

1. 平成 29 年産のはだか麦の作付面積を 100 としたとき、令和 3 年産のはだか麦の作付面積の指数は、130 を下回っている。
2. 平成 29 年産から令和 2 年産までの 4 か年における小麦の作付面積が、最も大きいのは令和 2 年産であり、最も小さいのは平成 29 年産である。
3. 六条大麦についてみると、令和元年産の作付面積は平成 29 年産の作付面積を上回っている。
4. 令和元年産から令和 3 年産までの 3 か年における二条大麦の作付面積の年平均は、令和 3 年産の作付面積を下回っている。
5. 令和元年産から令和 3 年産までの各年についてみると、六条大麦の作付面積は、いずれの年も前年産に比べて増加している。

肢 1 はだか麦の平成 30 年から令和 3 年の対前年増加率を、次のように足し算してみます。

$$9.2 + 6.5 + 9.5 + 7.8 = 33.0$$

これより、誤差を考慮しても、29 年から 30％以上増加していますので、指数は 130 以上になり、本肢は正しくいえません。

肢 2 小麦の平成 30 年の対前年増加率はマイナスな

ちょっと補足

このように、すべてプラス（増加）のときは、実際は足し算した値より大きくなるよ。
100 × 1.092 × 1.065 × 1.095 × 1.078 ≒ 137.3

ので、29 年より減少しています。

　よって、最も小さいのは 29 年ではありませんので、本肢は正しくいえません。

肢 3　六条大麦の平成 30 年と令和元年の対前年増加率を足し算すると、−4.3 ＋ 2.1 ＝ −2.2（％）ですから、29 年より元年のほうが減少しており、本肢は正しくありません。

肢 4　二条大麦の令和元年を 100 とすると、2 年は約 3.5％の増加で約 103.5、さらに、3 年はその約 3％の減少で、100.5 程度です。

　そうすると、3 か年の平均は 101 を上回りますので、3 年の値を上回り、本肢は正しくありません。

肢 5　六条大麦の令和元年から 3 年までの対前年増加率はいずれもプラスですから、いずれの年も前年に比べて増加しています。

　よって、本肢は正しくいえます。

正解 ⑤

次の図から正しくいえるのはどれか。 ▶東京都Ⅲ類 2019

日本における畜産4品目の産出額の**対前年増加率**の推移

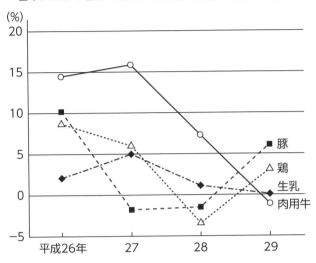

1. 平成25年における肉用牛の産出額を100としたとき、28年の肉用牛の産出額の指数は150を上回っている。
2. 平成25年から28年までのうち、豚の産出額が最も多いのは27年であり、最も少ないのは28年である。
3. 平成26年から28年までの3か年における生乳の産出額の年平均は、25年における生乳の産出額を下回っている。
4. 平成27年から29年までの各年についてみると、鶏の産出額はいずれの年も前年に比べて減少している。
5. 平成28年における畜産4品目の産出額についてみると、産出額が27年に比べて増加したのは肉用牛と生乳である。

肢1 肉用牛の平成26年から28年の対前年増加率を足し算すると、14.5 + 16.0 + 7.5 = 38.0 ですから、多少上乗せしても50%まで増加しているとはいえないでしょう。

増加率がやや大きめだから、少し多めに考えないといけないよ！

　よって、28年の指数は150を上回っておらず、本肢は正しくいえません。

肢2 豚の平成27年の対前年増加率はマイナスですから、26年より減少していますので、最も多いのは27年ではありません。よって、本肢は正しくいえません。

肢3 生乳の平成26年から28年の対前年増加率はいずれもプラスですから、25年以降増え続けていますね。そうすると、26年から28年の年平均のほうが25年より大きくなるのは明らかです。よって、本肢は正しくいえません。

肢4 鶏の平成27年と29年の対前年増加率はプラスで、前年より増加しています。よって、本肢は正しくいえません。

肢5 平成28年の対前年増加率がプラスなのは、肉用牛と生乳だけですから、本肢は正しくいえます。

正解⑤

小太郎の電卓部屋

肢1の28年の指数は次のとおり。

$100 \times 1.145 \times 1.16 \times 1.075$
$≒ 142.8$

下の表は、2013年における冷凍食品国内生産の工場数，数量，金額を示したものである。

また、下の図は、冷凍食品国内生産の工場数，数量，金額の対前年増減率を示したものである。この表及び図からいえることとして、最も妥当なのはどれか。

警視庁Ⅲ類 2018

	工場数	数量（トン）	金額（億円）
2013年	513	1,550,085	6,774

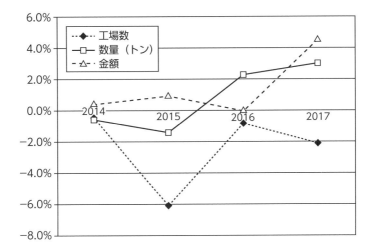

1．1工場あたりの金額についてみると、2016年は前年よりも減少している。
2．1工場あたりの数量についてみると、2015年は前年よりも減少している。
3．1工場あたりの数量についてみると、2017年は前年よりも減少している。
4．1トンあたりの金額についてみると、2014年は前年よりも減少している。
5．1トンあたりの金額についてみると、2017年は前年よりも増加している。

肢1 2016年の対前年増減率を見ると、工場数より金額のほうが大きいですね。ということは、2016年の工場数に対する金額の比率は、前年より大きいわけですから、1工場当たりの金額は増加しています。よって、本肢は妥当ではありません。

肢2 同様に、2015年の対前年増減率を見ると、工場数より数量のほうが大きいので、1工場当たり数量は前年より増加しています。よって、本肢は妥当ではありません。

肢3 肢2と同様に、2017年も1工場当たり数量は前年より増加していますので、本肢は妥当ではありません。

肢4 2014年の対前年増減率を見ると、数量より金額のほうが大きいので、1トン当たり金額は増加しています。よって、本肢は妥当ではありません。

肢5 肢4と同様に、2017年も、1トン当たり金額は増加しています。よって、本肢は妥当です。

正解⑤

指数のデータ ➡ 基準を見失うな!

重要度

パターン **62**

表は、ある地域における年齢別の賃金について、22 歳の賃金を 100 として年齢ごとにその賃金を指数化したものである。この表からいえることとして最も妥当なのはどれか。

📖 刑務官 2005

年齢 年	22	25	30	35	40	45	50	55
1996	100	115	162	203	248	290	329	350
1997	100	115	160	200	247	289	332	353
1998	100	114	159	199	246	289	330	352
1999	100	114	159	199	244	289	327	345
2000	100	113	155	195	237	278	316	338

1. 55 歳の賃金の額が大幅に下がったのは、2000 年である。

2. 40 歳の賃金の額をみると、2000 年は 1996 年より約 10%減少している。

3. どの年度でも 35 歳の賃金は、22 歳の賃金の 2 倍以上である。

4. 40 歳と 50 歳の指数の差は、この 5 年間、一貫して小さくなっている。

5. 25 歳と 45 歳の指数の差が最も小さくなったのは、2000 年である。

肢1 指数は各年における 22 歳の賃金を基準にしたものですから、55 歳の賃金を年度別に比較することは、この資料からは不可能です。本肢は妥当ではありません。

肢2 同様に、2000 年と 1996 年では基準が異なるので比較できません。本肢は妥当ではありません。

肢3 同じ年度での比較ですから、本肢は判断できます。35 歳の賃金の指数を見ると、1998 ～ 2000 年はいずれも 200 を下回っていますので、22 歳の 2 倍以上とはいえません。よって、本肢は妥当ではありません。

肢4 40 歳と 50 歳の指数の差は、1996 年は 329 − 248 = 81 ですが、1997 年は 332 − 247 = 85 で、この年は大きくなっています。本肢は妥当ではありません。

肢5 25 歳と 45 歳の指数の差は、25 歳の指数は 115 ～ 113 の範囲でほとんど変化はなく、45 歳の指数も 1996 年から 1999 年の変化はほとんどないので、この 4 年間は指数の差に大きな変化はないでしょう。

しかし、2000 年には 45 歳の指数が 11 も下がっていますので、ここは他の年に比べて差が小さくなるはずです。よって、本肢は妥当ですね。

正解 ⑤

ワンポイントアドバイス
One Point Advice

各年度で基準が違うと、比較はできないからね！
指数の資料には、こういう判断不可能な選択肢がたまにあるから気をつけて！

「指数の差」だから、そのまま計算して OK！

小太郎の電卓部屋

確認しよう！
1996 年　290 − 115 = 175
1997 年　289 − 115 = 174
1998 年　289 − 114 = 175
1999 年　289 − 114 = 175
2000 年　278 − 113 = 165

次の表から確実にいえるのはどれか。　　　　　　　出典 特別区Ⅲ類 2004

年度末における郵便貯金の種類別現在高の指数の推移

（平成 8 年度＝ 100.0）

種　　類	平成 8 年度	9	10	11	12
通 常 貯 金	100.0	118.0	130.9	143.1	187.9
積 立 貯 金	100.0	95.3	87.2	79.1	72.5
定 額 貯 金	100.0	104.3	106.5	109.6	99.5
定 期 貯 金	100.0	144.9	208.3	193.2	191.4
財形定額貯金	100.0	105.0	109.6	113.2	115.6

1．平成 12 年度の通常貯金の年度末現在高の対前年度増加額は、平成 10 年度の
それの 4 倍を上回っている。

2．平成 10 年度において、財形定額貯金の年度末現在高の対前年度増加率は定額
貯金の年度末現在高のそれより小さい。

3．平成 9 年度から平成 12 年度までの各年度のうち、財形定額貯金の年度末現
在高の対前年度増加率が最も大きいのは、平成 12 年度である。

4．積立貯金の年度末現在高の平成 10 年度に対する平成 12 年度の減少率は、定
期貯金のそれの 3 倍より小さい。

5．平成 9 年度から平成 12 年度までの各年度とも、定期貯金の年度末現在高は、
通常貯金のそれを上回っている。

肢 1　通常貯金の平成 8 年度の年度末現在高を 100
とすると、9 年度は 118.0 、10 年度は 130.9 なので、
10 年度の対前年度増加額は、130.9 － 118.0 ＝ 12.9 で
す。同様に 12 年度のそれは、187.9 － 143.1 ＝ 44.8
ですから、10 年度の 4 倍には満たないですね。本肢
は確実にはいえません。

肢 2　平成 9 年度 → 10 年度の指数の増加数は、財形
定額貯金が、109.6 － 105.0 ＝ 4.6 で、定額貯金は
106.5 － 104.3 ＝ 2.2 ですから、増加率について見る
と次のようになります。

財形定額貯金　　定額貯金
$$\frac{4.6}{105.0} > \frac{2.2}{104.3}$$

よって、財形定額貯金のほうが増加率は大きいので、本肢は確実にはいえません。

肢3　財形定額貯金の平成 12 年度の指数は前年に比べて 115.6 − 113.2 = 2.4 の増加ですから、対前年度増加率は 2％ちょっとです。しかし、9 年度のそれは 5.0％ですから、最も大きいのは 12 年度ではありませんね。本肢は確実にはいえません。

肢4　平成 10 年度 → 12 年度の積立貯金の指数の減少数は、87.2 − 72.5 = 14.7 で、定期貯金のそれは、208.3 − 191.4 = 16.9 なので、積立貯金の減少率と定期貯金の減少率の 3 倍を次のように比較します。

$$\underset{\text{積立貯金}}{\frac{14.7}{87.2}} \quad < \quad \underset{\text{定期貯金} \times 3}{\frac{16.9}{208.3} \times 3}$$

　よって、積立貯金の減少率は、定期貯金のそれの 3 倍より小さく、本肢は確実にいえますね。

肢5　定期貯金と通常貯金の年度末現在高の実数値を比較することは、この資料からはできず、本肢は確実にはいえません。

正解④

ちょっと補足

定期の分子に 3 を掛けると、積立の 3 倍以上になるけど、分母は 3 倍未満だから、積立＜（定期 × 3）ってことだよね。

次の図から確実にいえるのはどれか。　　　　　　　　　　■▶特別区Ⅲ類 2005

国内総支出における項目別支出額の推移

(平成 9 年度＝ 100.0)

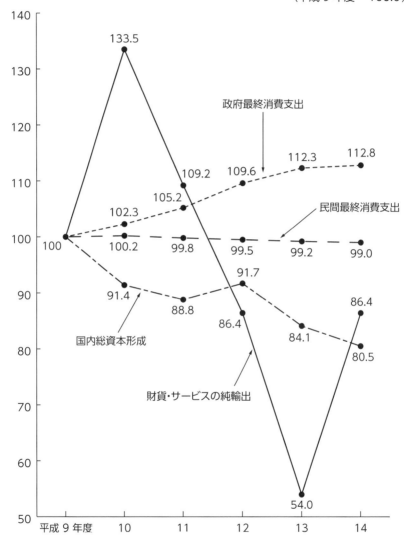

1. 平成 10 年度から平成 14 年度までの各年度とも、「政府最終消費支出」の額は「民間最終消費支出」の額を上回っている。
2. 平成 11 年度から平成 13 年度までの各年度とも、「財貨・サービスの純輸出」の額の対前年度減少率は、25%より小さい。
3. 平成 11 年度から平成 14 年度までの各年度のうち、「政府最終消費支出」の額の対前年度増加率が最も大きいのは、平成 11 年度である。
4. 平成 12 年度の「国内総資本形成」の額を 100 としたときの平成 14 年度のそれの指数は、80 を上回っている。
5. 平成 13 年度において、「財貨・サービスの純輸出」の額の対前年度減少率は、「国内総資本形成」の額のそれの 5 倍より大きい。

肢1 この資料から、「政府…」と「民間…」の支出額を比較することはできませんね。本肢は確実にはいえません。

肢2 「財貨…」の平成 13 年度は、指数が前年度より 86.4 − 54.0 = 32.4 減少しており、これは 86.4 の 25%を上回っています。よって、本肢は確実にはいえません。

ちょっと補足

100 の 25%でも 25 なんだから、明らかだね。ちなみに、$\frac{32.4}{86.4} \times 100 = 37.5$（%）の減少だね！

肢3 「政府…」の平成 11 年度の前年度に対する指数の増加数は 105.2 − 102.3 = 2.9 ですが、12 年度のそれは 109.6 − 105.2 = 4.4 で、明らかに $\frac{2.9}{102.3} < \frac{4.4}{105.2}$ ですので、12 年度のほうが増加率は大きく、本肢は確実にはいえません。

肢4 「国内…」の平成 12 年度に対する 14 年度の割合は、$\frac{80.5}{91.7}$ で、これは $\frac{80}{100}$ を上回ります。よって、本肢は確実にいえます。

小太郎の電卓部屋

$\frac{7.6}{91.7} \times 100 ≒ 8.3$（%）

肢5 「国内…」の平成 13 年度の前年度に対する指数の減少数は 91.7 − 84.1 = 7.6 で、これは 91.7 の 8%以上ありますね。

「財貨…」の対前年度減少率がこれの 5 倍より大きいなら 40%以上ですが、肢 2 の側注で計算したように、それには満たないですね。本肢は確実にはいえません。

ちょっと補足

80 × 0.4 = 32 だから、32.4 が 86.4 の 40%に満たないことはわかるよね。

正解④

次の図から正しくいえるのはどれか。　　　　　　　　出典▶東京都Ⅲ類 2018

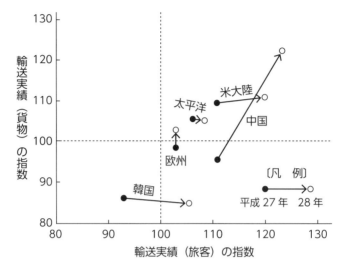

日本における五つの国際航空方面別輸送実績（旅客及び貨物）の指数の推移

（注）輸送実績（旅客）の指数及び輸送実績（貨物）の指数は、それぞれ平成26
　　 年の輸送実績（旅客）及び輸送実績（貨物）を100とした数字である。

1．平成26年から28年までのうち、太平洋の輸送実績（貨物）が最も多いのは
　　28年であり、最も少ないのは27年である。
2．平成27年に対する28年の輸送実績（貨物）の増加率を方面別にみると、最
　　も大きいのは米大陸であり、次に大きいのは欧州である。
3．平成28年についてみると、26年に比べて輸送実績（旅客）及び輸送実績（貨
　　物）が共に減少しているのは、韓国だけである。
4．平成28年における中国の輸送実績（旅客）は、26年における中国の輸送実
　　績（旅客）に比べて増加している。
5．平成28年における米大陸の輸送実績（旅客）は、27年における米大陸の輸
　　送実績（旅客）の1.2倍を上回っている。

肢1　太平洋の（貨物）の指数は、平成26年が100
で、27年は約105、28年は27年より若干下がっ
ていますので、最も多いのは27年、最も少ないのは
26年です。よって、本肢は正しくいえません。

肢2 平成27年→28年の（貨物）の指数を見ると、米大陸は約110→111で、増加率は1％にも及びません。一方、中国のそれは、約95→121で、20％以上増加しています。

　よって、最も大きいのは米大陸ではなく、本肢は正しくいえません。

肢3 平成28年の指数が、（貨物），（旅客）とも100を下回っている方面はありませんので、本肢は正しくいえません。

肢4 平成28年の中国の（旅客）の指数は100を超えていますので、26年より増加していますね。本肢は正しくいえます。

肢5 米大陸の（旅客）の指数は、平成27年→28年で、約111→120ですから、1.2倍には及びませんね。本肢は正しくいえません。

正解 **④**

ちょっと補足

26年の指数は100だから、100を下回っていれば「26年より減少」ってことだね。
ちなみに、ともに100を下回っているのはグラフの左下だよ！

SECTION
20

特殊な資料 ➡ 必要なとこだけ見よ！

重要度

ガイダンス

★個性的なグラフや図解を扱う問題ですが、図の見方が中心で、面倒な計算は不
要なものが多いという傾向にあります。
★出題頻度はさほど高くはありません。

パターン 64

次の図から確実にいえるのはどれか。　　　　　特別区Ⅲ類 2004

平成 14 年の 6 農業地域における販売農家が経営する耕地面積の種類別構成比

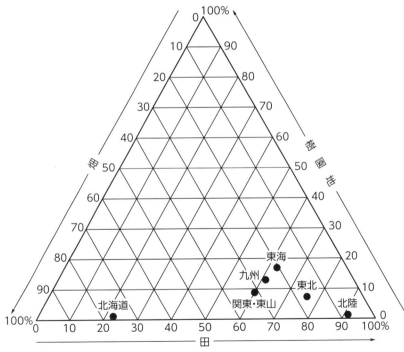

(注) 1　販売農家とは、経営耕地面積が30アール以上又は農産物販売金額が50万円以上
　　　　の農家をいう。
　　　2　畑には、樹園地は含まない。

1. 「関東・東山」の田の耕地面積の構成比と畑の耕地面積のそれとの合計は、90%より小さい。
2. 「北陸」の樹園地の耕地面積の構成比は、「北海道」の田のそれを上回っている。
3. 図中の各農業地域のうち、樹園地の耕地面積の構成比が10%を上回っているのは、「九州」と「東海」だけである。
4. 「東海」の樹園地の耕地面積は、「東北」の樹園地のそれの2倍を上回っている。
5. 「九州」の田の耕地面積の構成比は、「九州」の畑の耕地面積のそれの2倍を下回っている。

　「三角グラフ」という図で、3項目の構成比を表します。それぞれの項目で図1のように、矢印の先の頂点を100%とし、その頂点を上にしたときの底辺を0%として、構成比を読み取ります。
　たとえば、「関東・東山」は図2のように、樹園地が9%、畑が31%、田が60%となります。

合計は必ず100%になるからね！

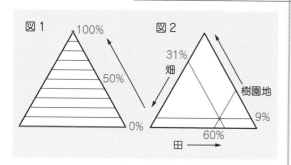

肢1　「関東・東山」については前述の解説のとおり、田と畑の構成比の合計は60 + 31 = 91（％）で、90%より大きいですね。本肢は確実にはいえません。

100%から樹園地の構成比を引いたほうが早いね！

肢2　「北陸」の樹園地の構成比は1〜2%で、「北海道」の田のそれは22〜23%と読めますね。後者のほうが大きいので、本肢は確実にはいえません。

肢3　樹園地の構成比を見ると、10%を超えているのは確かに「九州」と「東海」のみですね。本肢は確実にいえます。

ちょっと補足

図の赤い線より上だよ！

肢4　「東海」と「東北」で実際の耕地面積を比較することはできません。本肢は確実にはいえません。

肢5 「九州」の田の構成比は 61 ～ 62％で、畑のそれは 26 ～ 27％なので、田のほうが 2 倍を上回っています。本肢は確実にはいえません。

正解 ③

Exercise 99

表は、ある町内の 50 世帯について、1 年間に送った荷物と受け取った荷物の個数を相関表にしたものである。これから確実にいえるのはどれか。

出典▶ 入国警備官等 2018

受け取った荷物 (個) \ 送った荷物	0	1	2	3	4	5	6	7	8	9	10
10											1
9						1					
8						1				1	
7							1		1		
6			1			1	1				
5			1	1	1						
4		1		1					1		
3		5	5	1	1						
2		7	4	1	2						
1		5	3								
0								1			

送った荷物 (個)

1．送った荷物の個数と受け取った荷物の個数の差は、どの世帯も 4 個以下である。

2．送った荷物の個数が受け取った荷物の個数以上の世帯の数は、25 世帯以上である。

3．送った荷物の個数と受け取った荷物の個数が共に 5 個以上の世帯の数は、5 世帯である。

4．送った荷物の個数と受け取った荷物の個数の合計が 5 個以上の世帯の数は、25 世帯以下である。

5．送った荷物の個数が 5 個以上の世帯についてみると、受け取った荷物の個数は、1 世帯当たり 6.5 個である。

肢1 （送った，受け取った）＝（7，0）の世帯（図1のA）が1世帯ありますので、本肢は確実にはいえません。

肢2 送った荷物と受け取った荷物の個数が同じなのは、図1の対角線（色のついた部分）で、これを含め、これより右下の領域の世帯数を数えると23世帯とわかります。よって、本肢は確実にはいえません。

肢3 ともに5個以上なのは、図1の太線（B）から右上の領域で、ここにある世帯数を数えると、8世帯とわかります。よって、本肢は確実にはいえません。

対角線より右下は、「送った＞受け取った」、左上は「送った＜受け取った」だね。

図1

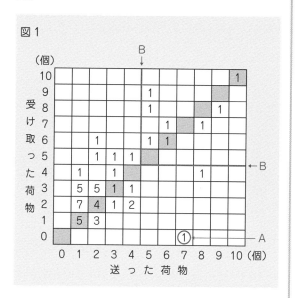

肢4 送った荷物と受け取った荷物の合計が4個以下なのは、図2の色のついた部分の世帯で、ここにある世帯数を数えると、24世帯とわかります。

よって、5個以上の世帯数は、50 − 24 ＝ 26（世帯）とわかり、本肢は確実にはいえません。

「5個以上」の範囲は大きいから、「4個以下」を数えたほうがラクでしょ！

図2

C
↓

(個)

受け取った荷物 \ 送った荷物	0	1	2	3	4	5	6	7	8	9	10
10											1
9				1							
8				1				1			
7						1		1			
6			1			1	1				
5			1	1	1						
4		1		1					1		
3		5	5	1	1						
2		7	4	1	2						
1		5	3								
0								1			

0　1　2　3　4　5　6　7　8　9　10（個）

送 っ た 荷 物

肢5　送った荷物が5個以上なのは、図2の太線（C）から右で、この領域の世帯について、受け取った荷物の個数と世帯数を確認すると次のようになります。

受け取った荷物	0	4	6	7	8	9	10	計
世帯数	1	1	2	2	2	1	1	10

これより、その平均を計算します。

$(0 \times 1 + 4 \times 1 + 6 \times 2 + 7 \times 2 + 8 \times 2 + 9 \times 1 + 10 \times 1) \div 10 = 6.5$（個）

よって、平均6.5個で、本肢は確実にいえます。

正解 ⑤

　図は、平成 26 年度のペットボトル等の再商品化の流れを示したものである。これから確実にいえるのはどれか。

　ただし、日本容器包装リサイクル協会（以下「リサイクル協会」という。）の収入と支出は図に挙げられたもののみであり、収入合計と支出合計は一致している。

海上保安大学校等 2016

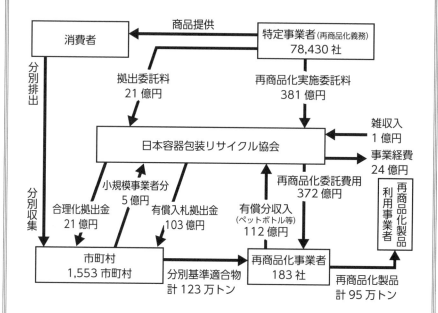

1. リサイクル協会の収入合計に占める有償分収入の割合は、2 割を超えている。
2. リサイクル協会の事業経費は、小規模事業者分と再商品化実施委託料で賄われている。
3. 再商品化事業者 1 社当たりの分別基準適合物は、7 千トンを超えている。
4. 再商品化製品 1 トン当たりの再商品化事業者全体の費用は、4 万円を超えている。
5. 市町村 1 団体当たりの分別収集にかかる費用は、1,000 万円を超えている。

肢1 リサイクル協会の収入合計を計算すると、<u>21 + 381 + 5 + 112 + 1 = 520（億円）</u>で、有償分収入は 112 億円ですから、<u>合計の 2 割を超えていますね</u>。本肢は確実にいえます。

肢2 どの経費がどの収入で賄われているかは、このデータからは判断できません。

肢3 分別基準適合物は 123 万トンで、再商品化事業者は 183 社ですから、1 社当たりでは、<u>123 ÷ 183 ≒ 0.672（万トン）</u>となります。

　よって、7 千トン（= 0.7 万トン）を超えておらず、本肢は確実にはいえません。

肢4 再商品化製品の計は 95 万トンで、再商品化事業者がこれにかける費用は、リサイクル協会からの委託費用 372 億円で賄われていると判断できます。これより、<u>1 トン当たり費用は 372 億 ÷ 95 万 = 3.9 万（円）</u>となり、4 万円を超えていませんね。本肢は確実にはいえません。

肢5 分別収集にかかる費用については、このデータからは判断できません。

正解 ①

ちょっと補足

「リサイクル協会」に刺さってる 5 本の矢印の合計だよ。

520 の 2 割は 104 だよね！

これくらいは計算したほうが速いかな。割り算がイヤなら、183 × 0.7 を計算して、123 より大きいか確認しても OK！

ここも、95 万 × 4 万を計算して、372 億を超えるか確認しても OK！

図は、我が国における 2000 年度と 2018 年度の物質フロー（物の流れ）を表したものであるが、これから確実にいえることとして最も妥当なのはどれか。

なお、物質フローとは、どれだけの資源を採取、消費、廃棄しているかを知るために作られたものである。また、図の数値は四捨五入によるため、合計が一致しない場合がある。

海上保安大学校等 2022

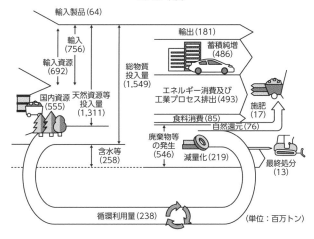

2000 年度

- 輸入製品 (48)
- 輸入 (796)
- 輸入資源 (748)
- 国内資源 (1,125)
- 天然資源等投入量 (1,921)
- 総物質投入量 (2,134)
- 輸出 (120)
- 蓄積純増 (1,071)
- エネルギー消費及び工業プロセス排出 (535)
- 食料消費 (97)
- 施肥 (16)
- 自然還元 (85)
- 含水等 (299)
- 廃棄物等の発生 (595)
- 減量化 (241)
- 最終処分 (56)
- 循環利用量 (213)

(単位：百万トン)

2018 年度

- 輸入製品 (64)
- 輸入 (756)
- 輸入資源 (692)
- 国内資源 (555)
- 天然資源等投入量 (1,311)
- 総物質投入量 (1,549)
- 輸出 (181)
- 蓄積純増 (486)
- エネルギー消費及び工業プロセス排出 (493)
- 食料消費 (85)
- 施肥 (17)
- 自然還元 (76)
- 含水等 (258)
- 廃棄物等の発生 (546)
- 減量化 (219)
- 最終処分 (13)
- 循環利用量 (238)

(単位：百万トン)

1. 2000年度と2018年度を比較すると、「天然資源等投入量」の減少量は、「総物質投入量」の減少量よりも少ない。

2. 「廃棄物等の発生」に占める「減量化」の割合は、2000年度、2018年度共に30%未満である。

3. 2018年度の「天然資源等投入量」と「廃棄物等の発生」の合計に占める「循環利用量」の割合は、2018年度の「総物質投入量」と「含水等」の合計に占める「循環利用量」の割合よりも高い。

4. 「輸入資源」及び「エネルギー消費及び工業プロセス排出」について、2000年度に対する2018年度の減少率は、それぞれ共に15%を超えている。

5. 「総物質投入量」に占める「循環利用量」の割合をみると、2000年度の値（%）と2018年度の値（%）の差の絶対値は、3ポイントよりも大きい。

肢1 2000年度 → 2018年度で、「天然資源等投入量」の減少量は、1,921 − 1,311 = 610 で、「総物質投入量」のそれは、2,134 − 1,549 = 585 ですから、前者のほうが多いです。

　よって、本肢は妥当ではありません。

肢2 「廃棄物等の発生」は、2000年度、2018年度ともに 600 未満ですから、これの 30%は 180 未満ですが、「減量化」はいずれも 200 を超えていますので、「廃棄物等の発生」の 30%を超えます。

　よって、本肢は妥当ではありません。

肢3 2018年度の「天然資源等投入量」と「廃棄物等の発生」の合計は、1,311 + 546 = 1,857 で、「総物質投入量」と「含水等」の合計は、1,549 + 258 = 1,807 ですから、前者のほうが大きいです。

　そうすると、それぞれに対する「循環利用量」の割合を考えると、前者に対する割合のほうが低くなりますので、本肢は妥当ではありません。

ちょっと補足

A ＞ B のとき、
$\dfrac{C}{A} < \dfrac{C}{B}$
だからね。

肢4 2000年度 → 2018年度で、「輸入資源」の減少量は、748 − 692 = 56 で、これは 748 の 10%にも及びません。

　また、「エネルギー消費及び工業プロセス排出」のそれも、535 − 493 = 42 で、535 の 10%に及びません。

　よって、減少率はいずれも 15%を超えておらず、本肢は妥当ではありません。

肢5 2000年度の「総物質投入量」は2,134で、「循環利用量」は213ですから、前者に占める後者の割合は 10%弱 です。

一方、2018年度の「総物質投入量」は1,549で、「循環利用量」は238ですから、前者に占める後者の割合は 15%以上 あります。

よって、その差は3ポイントよりも大きく、本肢は妥当です。

正解 ⑤

213.4で10%だから、ほんのちょっと足りないね。

付録

★ 基本事項
★ 計算練習

公式や定理の
カクニンだよ！
計算も練習してね。

基本事項

① 2 の倍数　⇒　一の位が 2 の倍数
② 3 の倍数　⇒　各位の和が 3 の倍数
③ 4 の倍数　⇒　下 2 桁が 4 の倍数
④ 5 の倍数　⇒　一の位が 0 か 5
⑤ 6 の倍数　⇒　各位の和が 3 の倍数で、一の位が偶数
⑥ 8 の倍数　⇒　下 3 桁が 8 の倍数
⑦ 9 の倍数　⇒　各位の和が 9 の倍数

① a で割っても b で割っても c 余る数　⇒　a と b の公倍数 $+ c$
② a で割っても b で割っても c 不足する数　⇒　a と b の公倍数 $- c$
③ a で割ると c 余り、b で割ると d 余る数

$\Rightarrow$　a と b の公倍数 $+$ 条件を満たす最小数

2 数の和と差がわかっているとき
① （和 $+$ 差）$\div 2 =$ 大きいほうの数
② （和 $-$ 差）$\div 2 =$ 小さいほうの数

外項

$A : B\ =\ C : D$　$\Leftrightarrow$　$A \times D = B \times C$

内項　　　　　　　外項の積 $=$ 内項の積

$$x\,割 = \frac{x}{10}$$

$$x\% = \frac{x}{100}$$

原価の x 割増し $\;\Rightarrow\;$ 原価 $\times\left(1 + \dfrac{x}{10}\right)$

定価の x 割引き $\;\Rightarrow\;$ 定価 $\times\left(1 - \dfrac{x}{10}\right)$

$$濃度（\%） = \frac{食塩の量}{食塩水の量} \times 100$$

食塩の量 ＝ 食塩水の量 × 濃度

図において、$pm = qn \;\Leftrightarrow\; p : q = n : m$

① 速さ ＝ $\dfrac{距離}{時間}$ ② 時間 ＝ $\dfrac{距離}{速さ}$ ③ 距離 ＝ 速さ × 時間

① 速さが同じ $\;\Rightarrow\;$ 時間と距離は比例
② 時間が同じ $\;\Rightarrow\;$ 速さと距離は比例
③ 距離が同じ $\;\Rightarrow\;$ 速さと時間は反比例

⑯ 和の法則・積の法則 ………………………………………… 159

Aの起こる方法が a 通り、Bの起こる方法が b 通りあるとき
① 和の法則　AまたはBが起こる方法　⇒　$a+b$（通り）
　　　　　　（ただし、A，Bは同時に起こりえないこと）
② 積の法則　Aが起こりさらにBが起こる方法　⇒　$a \times b$（通り）

⑰ 組合せの公式 ……………………………………………………… 161

異なる n 個から r 個を選ぶ方法　⇒　${}_nC_r = \dfrac{{}_nP_r}{r!}$

⑱ 確率の定義 …………………………………………………………… 177

起こりうるすべての場合の数がN通りあり、それらが同様に確からしいとき、このうち事象Aの起こる場合の数が a 通りあるとすると、事象Aの起こる確率は、$\dfrac{a}{N}$ と表せる。

⑲ 加法定理・乗法定理 ……………………………………………… 180

Aの起こる確率がP（A）、Bの起こる確率がP（B）であるとき
① 加法定理　AまたはBが起こる確率　⇒　P（A）＋P（B）
　　　　　　（ただし、A，Bは同時に起こりえないこと）
② 乗法定理　Aが起こりさらにBが起こる確率　⇒　P（A）×P（B）

⑳ 余事象 …………………………………………………………………… 187

Aの起こる確率 ＝ 1 － Aの起こらない確率

㉑ 反復試行の定理 …………………………………………………… 193

確率が独立である試行を n 回繰り返すとき、確率 p であるAという事柄が r 回起こる確率
　　⇒　${}_nC_r \times p^r \times (1-p)^{n-r}$

付録　基本事項 | **319**

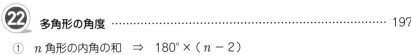

㉒　多角形の角度 ⋯⋯⋯⋯⋯⋯⋯⋯⋯⋯⋯⋯⋯⋯⋯⋯⋯⋯⋯⋯⋯⋯⋯⋯ 197

① n 角形の内角の和　⇒　$180° \times (n - 2)$

② n 角形の外角の和　⇒　$360°$

㉓　同位角と錯角 ⋯⋯⋯⋯⋯⋯⋯⋯⋯⋯⋯⋯⋯⋯⋯⋯⋯⋯⋯⋯⋯⋯⋯⋯ 197

図において、$\ell /\!/ m$ のとき、同位角、錯角は等しくなる。

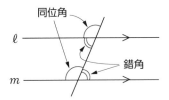

㉔　三角形の外角の定理 ⋯⋯⋯⋯⋯⋯⋯⋯⋯⋯⋯⋯⋯⋯⋯⋯⋯⋯⋯⋯ 197

図において、$\angle a + \angle b = \angle c'$

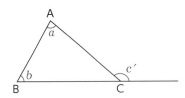

㉕　円とおうぎ形（半径 r） ⋯⋯⋯⋯⋯⋯⋯⋯⋯⋯⋯⋯⋯⋯⋯⋯⋯⋯ 201

① 円周　⇒　$2\pi r$

② おうぎ形の弧の長さ　⇒　$2\pi r \times \dfrac{中心角}{360°}$

③ 円の面積　⇒　πr^2

④ おうぎ形の面積　⇒　$\pi r^2 \times \dfrac{中心角}{360°}$

26 円周角の定理 ··· 206

図において、∠APB = ∠AQB = $\dfrac{1}{2}$∠AOB

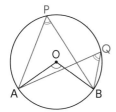

 27 内接四角形の定理 ··· 206

図において、∠a + ∠c = 180°　∠a = ∠c'

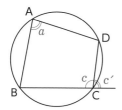

 28 接弦定理 ··· 209

図において、∠a = ∠b

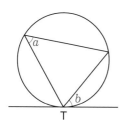

（Tは接点）

接線の性質

① 図において、OT⊥ℓ

(Tは接点)

② 図において、PA＝PB

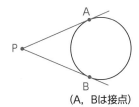

(A，Bは接点)

 三平方の定理

図において、$a^2 + b^2 = c^2$

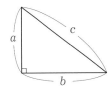

 三角形の相似条件

① 3辺の比がそれぞれ等しい
② 2辺の比とそのはさむ角がそれぞれ等しい
③ 2組の角がそれぞれ等しい

特別な角度を持つ直角三角形 ・・ 216

① 45°，45°，90°の直角三角形　　② 30°，60°，90°の直角三角形

　　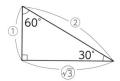

 相似な図形の面積比と体積比 ・・・・・・・・・・・・・・・・・・・・・・・・・・・・・・・・・・・・・ 219

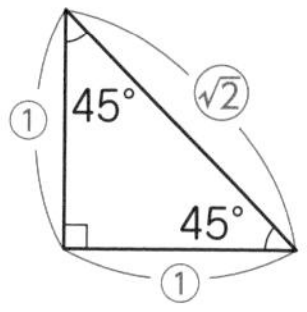

相似比が $a : b$ である相似な図形について

① 面積比 ⇒ $a^2 : b^2$
② 体積比 ⇒ $a^3 : b^3$

 平行線と線分比 ・・・ 221

図において、△ABC∽△ADEより
　AB：AD＝AC：AE＝BC：DE
　AD：DB＝AE：EC

①

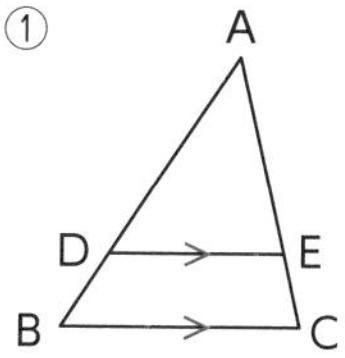

②

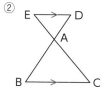

底辺分割の定理 ･･･

図において、△ＡＢＰと△ＡＣＰの面積をそれぞれS₁，S₂とすると、
S₁：S₂＝ＢＰ：ＣＰとなる。

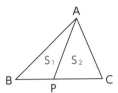

 三角形の重心の定理 ･･

図において、△ＡＢＣの重心Ｇは、3本の中線ＡＰ，ＢＱ，ＣＲをそれぞれ
2：1に分ける。

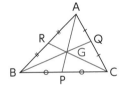

ＡＧ：ＧＰ＝ＢＧ：ＧＱ＝ＣＧ：ＧＲ＝2：1

 体積の公式 ･･

① 円柱・角柱の体積 ⇒ 底面積 × 高さ

② 円すい・角すいの体積 ⇒ 底面積 × 高さ × $\dfrac{1}{3}$

③ 球の体積 ⇒ $\dfrac{4}{3}\pi r^3$ （半径 r）

計　算　練　習

No. 1　次の計算をしなさい

① $(-9)^2 - 4^2$

② $3 \times 2^3 - 16 \div (-2)^2$

③ $5x - \dfrac{9x - 17}{2} - 3$

④ $\sqrt{12} - \sqrt{6} + \sqrt{27} + \sqrt{24}$

⑤ $3\sqrt{8} \times \dfrac{\sqrt{5}}{10} - \dfrac{1}{2} \div \sqrt{\dfrac{5}{2}}$

No. 2　次の方程式を解きなさい

① $3x + 11 = 5x - 7$

② $13x - 6 = 9x - 16$

③ $5.2x - 2.9 = 3.5x + 7.3$

④ $-4(x - 5) = 2(7x + 16)$

⑤ $\dfrac{2x + 3}{3} - \dfrac{x - 11}{5} = x$

解答

No. 1

① 65

② 20

③ $\dfrac{x + 11}{2}$

④ $5\sqrt{3} + \sqrt{6}$

⑤ $\dfrac{\sqrt{10}}{2}$

No. 2

① $x = 9$

② $x = -\dfrac{5}{2}$

③ $x = 6$

④ $x = -\dfrac{2}{3}$

⑤ $x = 6$

次の連立方程式を解きなさい

① $\begin{cases} 2x - y = 7 \\ -5x + 3y = -18 \end{cases}$

② $\begin{cases} 3x - 11y = 4 \\ y = 2x + 10 \end{cases}$

③ $\begin{cases} \dfrac{1}{2}x - \dfrac{1}{3}y = -\dfrac{1}{6} \\ 1.5x + 0.7y = 8 \end{cases}$

④ $\begin{cases} x + y = -z \\ 3x - z = 3y \\ -2x + 5y = 8 \end{cases}$

⑤ $2x + y = -7x + 0.5y = 2(9x + 2y) - 19$

① $x = 3$, $y = -1$

② $x = -6$, $y = -2$

③ $x = 3$, $y = 5$

④ $x = 1$, $y = 2$, $z = -3$

⑤ $x = -0.5$, $y = 9$

 次の不等式を解きなさい

① $4x + 8 < 2x - 22$

② $-3x - 5 \geqq 4x + 16$

③ $0.6x - 2 \leqq \dfrac{1}{5}x + 1.2$

④ $2x - 1 < x + 15 < 7x - 3$

⑤ $4x + 3 \leqq 5x + 0.5 < 8x - 1$

① $x < -15$

② $x \leqq -3$

③ $x \leqq 8$

④ $3 < x < 16$

⑤ $x \geqq 2.5$

No. 5 次の式を展開しなさい

① $(x+8)(x-3)$

② $(x-7)^2$

③ $(x+6)(x-6)$

④ $(2x-5)(3x-7)$

⑤ $(\sqrt{3}+\sqrt{2})^2$

No. 6 次の式を因数分解しなさい

① $x^2-14x+24$

② $x^2+18x+81$

③ $9x^2-121y^2$

④ $4x^2+8x-140$

⑤ $18x^2+3x-10$

No. 7 次の方程式を解きなさい

① $x^2+2x=5x$

② $x^2-x=12$

③ $3x^2-5(6x-15)=0$

④ $3x^2+4x-7=x^2+9$

⑤ $7x^2-13=-8x^2+7x-11$

No. 5

① $x^2+5x-24$

② $x^2-14x+49$

③ x^2-36

④ $6x^2-29x+35$

⑤ $5+2\sqrt{6}$

No. 6

① $(x-2)(x-12)$

② $(x+9)^2$

③ $(3x+11y)(3x-11y)$

④ $4(x-5)(x+7)$

⑤ $(3x-2)(6x+5)$

No. 7

① $x=0,\ 3$

② $x=-3,\ 4$

③ $x=5$

④ $x=-4,\ 2$

⑤ $x=-\dfrac{1}{5},\ \dfrac{2}{3}$

① 七角形の内角の和は何度か。

② 正十二角形の 1 つの外角は何度か。

③ 半径 5 の円の円周と面積を求めよ。

④ 半径 6 、中心角 45° のおうぎ形の弧の長さは
   いくらか。

⑤ 半径 9 、面積 27π のおうぎ形の中心角はいく
   らか。

⑥ 相似比が 3:5 である図形の面積比はいくらか。

⑦ 相似比が 3:4 である図形の体積比はいくらか。

⑧ 底面の半径 5 、高さ 20 の円柱の体積はいく
   らか。

⑨ 底面の半径 4 、高さ 18 の円すいの体積はい
   くらか。

⑩ 半径 6 の球の体積はいくらか。

① 900°

② 30°

③ 円周 10π
   面積 25π

④ $\dfrac{3}{2}π$

⑤ 120°

⑥ 9 : 25

⑦ 27 : 64

⑧ 500π

⑨ 96π

⑩ 288π

次の図で、∠x，∠y の大きさを求めなさい

（同じ記号は同じ大きさを示す）

①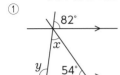

②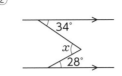

③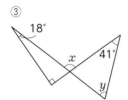

④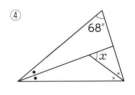

⑤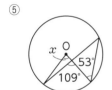

⑥

⑦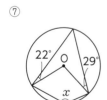

⑧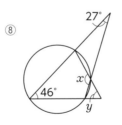

⑨

⑩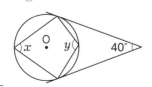

① ∠x = 44°，∠y = 98°

② ∠x = 62°

③ ∠x = 108°，
∠y = 67°

④ ∠x = 56°

⑤ ∠x = 112°

⑥ ∠x = 33°

⑦ ∠x = 129°

⑧ ∠x = 134°，
∠y = 61°

⑨ ∠x = 34°

⑩ ∠x = 70°，
∠y = 110°

次の図で、x，y の大きさを求めなさい
（同じ記号は同じ大きさを示す）

①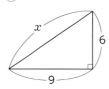

②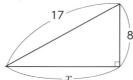

① $x = 3\sqrt{13}$

② $x = 15$

③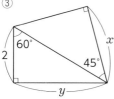

④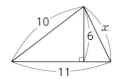

③ $x = 2\sqrt{2}$，$y = 2\sqrt{3}$

④ $x = 3\sqrt{5}$

⑤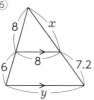

⑥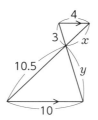

⑤ $x = 9.6$，$y = 14$

⑥ $x = 4.2$，$y = 7.5$

⑦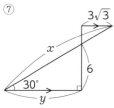

⑧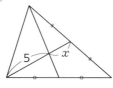

⑦ $x = 18$，$y = 6\sqrt{3}$

⑧ $x = 2.5$

書籍の訂正情報について

このたびは，本書籍をご購入いただき，誠にありがとうございます。
万が一誤りの箇所がございましたら，以下の方法にてご確認ください。

1 訂正情報の確認方法

書籍発行後に判明した訂正情報を順次掲載しております。
下記Webサイトよりご確認ください。

www.lec-jp.com/system/correct/

2 ご連絡方法

上記Webサイトに訂正情報の掲載がない場合は，下記Webサイトの
入力フォームよりご連絡ください。

lec.jp/system/soudan/web.html

フォームのご入力にあたりましては，「Web教材・サービスのご利用について」の
最下部の「ご質問内容」に下記事項をご記載ください。

- 対象書籍名（○○年版，第○版の記載がある書籍は併せてご記載ください）
- ご指摘箇所（具体的にページ数と内容の記載をお願いいたします）

ご連絡期限は，次の改訂版の発行日までとさせていただきます。
また，改訂版を発行しない書籍は，販売終了日までとさせていただきます。

※上記「2ご連絡方法」のフォームをご利用になれない場合は，①書籍名，②発行年月日，③ご指摘箇所，を記載の上，郵送
にて下記送付先にご送付ください。確認した上で，内容理解の妨げとなる誤りについては，訂正情報として掲載させてい
ただきます。なお，郵送でご連絡いただいた場合は個別に返信しておりません。

送付先：〒164-0001 東京都中野区中野4-11-10 アーバンネット中野ビル
株式会社東京リーガルマインド 出版部 訂正情報係

- 誤りの箇所のご連絡以外の書籍の内容に関する質問は受け付けておりません。
  また，書籍の内容に関する解説，受験指導等は一切行っておりませんので，あらかじめ
  ご了承ください。
- お電話でのお問合せは受け付けておりません。

著者紹介

畑中敦子（はたなかあつこ）

大手受験予備校を経て、1994 年より LEC 東京リーガルマインド専任講師として、公務員試験数的処理の指導にあたる。独自の解法講義で人気を博し、多数の合格者を省庁等へ送り込んだ。2008 年に独立し、2014 年に（株）エクシア出版を設立。執筆活動、出版活動を行っており、著作等の累計発行部数は 160 万部を超える。主な著書は「数的推理ザ・ベスト NEO」「判断推理ザ・ベスト NEO」（いずれもエクシア出版）など。

STAFF

キャラクターデザイン，カバー・本文イラスト
横山裕子

本文デザイン，カバー装丁
越郷拓也

本文校正
甲斐雅子　柴﨑直孝
株式会社東京リーガルマインド

編集協力
小野寺紀子　平井美恵　長縄あかり

高卒程度公務員試験

畑中敦子の天下無敵の数的処理！
②数的推理・資料解釈編　第3版

2006年6月30日　第1版　第1刷発行
2023年5月10日　第3版　第1刷発行

著　者　畑中敦子

発　行　株式会社エクシア出版
　　　　〒102-0083　東京都千代田区麹町6-4-6

　　　　株式会社東京リーガルマインド
　　　　〒164-0001　東京都中野区中野4-11-10
　　　　アーバンネット中野ビル

発　売　株式会社東京リーガルマインド
　　　　LECコールセンター　☎0570-064-464
　　　　　　受付時間　平日9:30〜20:00 / 土・祝10:00〜19:00 / 日10:00〜18:00
　　　　　　※このナビダイヤルは通話料お客様ご負担となります。
　　　　書店様専用受注センター　TEL 048-999-7581 / FAX 048-999-7591
　　　　　　受付時間　平日9:00〜17:00 / 土・日・祝休み
　　　　www.lec-jp.com/

印刷・製本　中央精版印刷株式会社